Sepp Schluiferer
(Carl Techet)

Fern von Europa
Tirol ohne Maske

**Kurze Geschichten
aus finsteren Breiten
in 34 Bildern**

Schilderung von Land und Leuten
von nicht alltäglicher satirischer Art

Jubiläumsausgabe

Universitätsverlag Wagner

© 2020 Universitätsverlag Wagner,
Erlerstraße 10, A-6020 Innsbruck
E-Mail: mail@uvw.at
Internet: www.uvw.at

Umschlag- und Buchgestaltung:
Kurt Höretzeder, Büro für Grafische Gestaltung, Scheffau/Tirol
Mitarbeit: Ines Graus

Zeichnungen: Eugenie Dumtsa, Sepp Schluiferer

Herzlichen Dank an Ao. Univ.-Prof. Mag. Dr. Johann Holzner
vom Forschungsinstitut Brenner-Archiv für die Zurverfügungstellung
der Originalausgabe von 1910.

Gedruckt auf umweltfreundlichem, chlor- und säurefrei
gebleichtem Papier.

Bibliografische Information der Deutschen Nationalbibliothek
Die Deutsche Nationalbibliothek verzeichnet diese Publikation in der
Deutschen Nationalbibliografie; detaillierte bibliografische Daten sind im
Internet über <http://dnb.dnb.de> abrufbar.

ISBN 978-3-7030-6528-6

Alle Rechte vorbehalten. Kein Teil des Werkes darf in irgendeiner Form
(Druck, Fotokopie, Mikrofilm oder in einem anderen Verfahren) ohne
schriftliche Genehmigung des Verlages reproduziert oder unter Verwendung
elektronischer Systeme verarbeitet, vervielfältigt oder verbreitet werden.

L. L.!

Über ein vielbereistes und vielbeschriebenes Land neuerdings etwas zu schreiben, das interessant wird, dazu gehört ein großes Talent. Ich stand vor einer leichteren Aufgabe: über ein Land zu berichten, das bisher nur von Bergsteigern und Hotelbewohnern durchforscht und geschildert wurde.

Was man von diesen erfährt, ist zu wenig. Sie entzücken sich über Dinge, die sich auf den ersten Blick zu erkennen geben. – Der andere Teil blieb mir.

Es ist das unbekannte Land, das sich keinem von heute auf morgen eröffnet. Es ist das intimere Leben und Fühlen eines Volkes. Davon etwas zu erfahren, braucht es Jahre. Durch ein freundliches Schicksal ist mir die nötige Beobachtungszeit überreichlich zugemessen worden.

Das Land, von dem ich reden will, liegt sicherlich weit entfernt von Europa; Genaueres weiß ich nicht zu sagen. Es hat nur zwei Jahreszeiten: den langen Winter, wo es schneit, und eine zweite Jahreszeit, wo sich der Schnee mit Regengüssen vermischt – das ist das Frühjahr, der Sommer oder der Herbst, man kann sagen, wie man will. Vielleicht liegt unser Land in der Nähe des Polarkreises, weil es nicht nur so kalt, sondern auch überaus finster ist. Nordlichter allerdings fehlen dieser Finsternis. –

Die Eingeborenen heißen ihr Land Tarrol oder Tarroï. Daneben finden sich auch noch andere Namen, die jedoch durch die Lautzeichen einer europäischen Sprache nicht annähernd wiedergegeben werden können. – Das tarrolische Idiom ist unerlernbar! Einige wenige Wörter haben eine gewisse entfernte Ähnlichkeit mit dem Deutschen, ja bei feierlichen Anlässen versuchen die gebildeten Leute nicht selten, deutsch zu reden, doch gelingt es ihnen niemals.

„Schpäckchchkchnedl" ist das prächtige Wort, an dem sich die eigenartige Schönheit des Tarrolischen am deutlichsten zu erkennen gibt. Wer einen recht großen Kropf hat, wird dies einigermaßen nachzufühlen vermögen. –

Die Darstellung dieser reizenden Sprache ist in dem vorliegenden Buche sicherlich ebenso mangelhaft als vielleicht scheinbar inkonsequent. Wenn es mir trotzdem gelungen sein sollte, dem Leser auch nur eine Ahnung von ihrer Zartheit und Lieblichkeit zu erwecken, ist mein Ziel erreicht.

Habe ich mein Büchlein doch zur Ehre eines Landes geschrieben, das man bisnun nur ganz *einseitig* betrachtete! Von der *anderen* Seite habe ich's besehen: hoffentlich ergänzen sich unsere Einseitigkeiten zu einem vollen Bilde.

Ich wünschte es!

Denn eine weihevolle Stimmung muß jeden ergreifen, der ein Volk studiert, an dem die Zeit spurlos vorbeigeht. Sie wird einmal sogar die Pyramiden zerbröckeln und dem Erdboden gleichmachen, jedoch in Taroï hat ihre Macht ein Ende.

Hierin liegt unleugbar etwas Großes. Darum widme ich mein Büchlein diesem wunderbaren Lande und allen denen, die es lieben lernten wie ich.

Schruns, im April 1909.

Inhalt

Eine Winterliebe	1
Die drei Glücklichen	5
Monsieur le maire	14
Ein Aufgeklärter	18
Liebeslieder und andere Verse	23
Eine Sommerliebe	28
Das Bauerntheater	35
Eine alltägliche Geschichte	43
Schädeltypen und Anderes	46
Rassenfragen	50
Die Heidenbekehrung von Brunäckkchch	53
Ein Kanzelredner	59
Zwei Kirchen	72
Das Bad	74
Der Held des Tages	79
Allerlei Intimes	85
Der sprechende Totenkopf	96
Contra Kchluibnschedl	101
D'Jud'n san do!	104
Der Sozi	109

Eine Winterliebe.

MOTTO:
Ex alpibus robur ac virtus!

Eigenartig und geheimnisvoll wie die Natur ist das Liebesleben im Lande Tarrol; die sonderbaren klimatischen Verhältnisse sowie religiöse Anschauungen beeinflussen es mächtig.

Sieben Monate herrscht der Winter, die anderen fünf Monate ist es kalt. Wenn sich die Eiskrusten langsam in Kot verwandeln und statt des Schnees Regen fällt, dann bedeutet dies Frühling, Sommer und Herbst.

In sehr günstigen Jahren kann es geschehen, daß die Wiesen trocken werden und die Sonne an manchen Tagen vom Morgen bis zum Abend scheint. In solchen Zeiten sind die Tarrola – mögen sie auch das ganze Jahr hindurch fleißig und tätig sein – mit doppeltem Eifer am Werke.

Das „Fenschterln" kann ohne Gefahr des Anfrierens vor sich gehen, die Liebe vermag ihre verschwiegenen Feste außerhalb der dumpfen Stuben unter Waldesrauschen zu feiern.

Man wird begreifen: während des kurzen Scheinsommers muß viel geschehen.

Und es geschieht.

Aber man vergesse auch nicht den prächtigen Bibelspruch: „Seid fruchtbar und mehret euch."

Wer wollte wohl die Bibel besser verstehen als die Tarrola? Sie verstehen sie meisterhaft, sie sind gute Christen – auch in ihren Taten.

Darum gibt es in Tarrol unter allen Geburten 60 Prozent uneheliche.

Steht etwa geschrieben: „Seid fruchtbar und heiratet euch?" –

So hat der kurze Sommer, in dem man sich beeilen muß, so hat die innige Gläubigkeit für die Tarrola ihren reichen Segen.

Wer dies versteht, versteht die Tarrola. Ihre Liebe ist voller Poesie,[1] und voller Poesie ist ihr Land in den seltenen Wochen, wo das Wasser selbst im Schatten zumeist nicht gefriert.

Freilich – wer kennt nicht die gewaltige Macht der Liebe?

Wenn sie stark und groß ist, regt sie sich auch im Freien bei 15 Grad unter Null. Mit einer solchen heroischen Liebe waren sich Ursula Tschiderer und Wastl Stainpaiß zugetan. Ich kannte beide. Ursula diente als Magd in dem Hause, in dem ich wohnte. Sie waren ein schönes Paar. Ich begegnete ihnen einmal in der Polarnacht, wo sie trotz der schauerlichen Kälte Hand in Hand gingen. Der Mond beglänzte den blanken Kristallschnee, wie vom Morgenlicht erfüllt schimmerte die messerscharfe Luft. In dieser wundervollen Beleuchtung sah ich sie kommen; es war ein rührendes Bild. Sie gingen wortlos, aber ihre Augen leuchteten, und jedes trug einen großen zitternden und glitzernden Tropfen unter der Nasenspitze.

Zu Hause angekommen, merkte ich, daß ich meine europäische Zeitung im Gasthofe vergessen hatte. Ich ging auf einsamen Wege zurück und begegnete

---

[1] Siehe später die Dichtungen Tonerl Schmidhuawa's!

Ursula. Sie war allein. In der Ferne bemerkte ich die schattenhaften Umrisse einer Mannesgestalt, und nach einigen Schritten war im Schnee, scharf von der nordisch hellen Nacht beleuchtet, das Negativ einer weiblichen Gestalt zu sehen. Ich blieb sinnend stehen und stellte mir vor, daß hier die Wölfe vielleicht ein armes Weib rücklings niedergerissen und hernach verspeist hatten. Dann schien es mir wieder unwahrscheinlich, weil der Abdruck so sauber und auch keine Wolfsfährte zu sehen war. Allein wegen der großen Kälte konnte ich nicht länger darüber nachdenken und ging weiter.

In der folgenden Nacht hörte ich Ursula schrecklich husten. Sie bellte geradezu wie ein großer Metzgerhund. Ich mußte an die vielen Gefahren der Polarnacht denken und konnte auch lange nicht schlafen, weil Ursula unaufhörlich bellte. Am Morgen fragte ich sie: Ursula, haben Sie gästan[1] in d'r Nacht koane Wölf nöt g'seg'n? – –

Naaaa! sagte sie. As ischt ins nur da schworze Dackchl van Loislbauan oamal vurbaig'rent. – Wauoos gengan Eana den dö Wölf o'? setzte sie ernst dazu.

Ursula – –

Sie schnitt mir die Rede ab: Und wissen S', wann S' as wiss'n wauooll'n, i hob' mi gäschtan vakühlt, wä' i eahm so schrecklach wos gern hob'!

Sie bellte wieder und ging weg. Ihre Unbefangenheit entzückte mich. Sie hatte die Freimütigkeit des unverdorbenen Volkes.

Mit dieser herzerfreuenden Freimütigkeit kam sie nach einiger Zeit zu mir und sagte: Da Hää[2] hod an

---

[1] gestern.
[2] Herr.

olt'n Lod'nrockch do henck'chn, den wos da Häa nia nöt o'ziag'n tuad. Wann ma da Häa den Lod'nrockch schenk'chn tad fia main Waschtl, dea wos a Laterno'zinta ischt bai da Eisenbo'? Da Waschtl, dea wos a Laterno'zinta ischt bai da Eisenbo', dea – – dea – –

Wos ischt's den mit eahm? half ich nach.

Nauoo, ea hod holt nur a gonz a kurze Jupp'n, [1] und bai dera Köld'n wa's [2] scho' guat, wann ma, wann a holt den Lod'nrockch häd von Eana – wä' [3] a länga ischt, zweg'n d'Füaß und weida auffi. [4] – –

Ich reichte ihr den Rock hin.

Vagölts Gauoood! sagte sie. Dös ischt wirklach a kchrischtlachs Werkch van Eana! 's ischt zweg'n insere [5] – saine Füaß und Knia und weida auffi – – Vagölts Gauoood! – –

Selten dankt einem ein Weib aus so reinem Herzen, selten schenkt man einem Weibe aus so reinem Herzen.

Und darum freute ich mich meines christlichen Werkes.

---

1) Rock (Joppe).
2) wäre es.
3) weil.
4) hinauf.
5) unsere.

Die drei Glücklichen.

Wonn nua bold da Schnee kchemat, daß ma's urdantlach o'geh' kenntn! – Wie oft hörte man die schöne Purgl dies seufzen. Und ihr Geliebter Bartl Hingerle klagte ebenso: Es wü' holt nöt schneibat wer'n![1] Endlich aber kam der ersehnte Schnee, und mit ihm erschienen die Sportleute aus Europa. Als ihre Scharen von Tag zu Tag dichter wurden, sage Bartl zur Purgl: Ziag di o', 's ischt Zeit! – –

Purgl zog nun ihre „Volkstracht" an. Ein europäischer Schneider hatte sie ihr erfunden und zugeschnitten: grüner, breiter Hut mit einer weißen und einer roten Hahnenfeder rückwärts, ein goldgesticktes Mieder, das ihre flache Brust mit einer gefälligen Wölbung versah, ein blumengestickter, ziemlich kurzer Rock. So stand sie, einen bunten Schal um die Schultern, vor der Haustüre, sobald ein paar Skifahrer oder Rodler ohne Damenbegleitung vorbeikamen. Zu diesen sagte sie: Grüaß Gauoood!

Das war alles, und es genügte. Der geheimnisvolle Reiz des unverdorbenen Landkindes wirkte auf

---

[1] Es will nicht zum Schneien kommen.

jeden. Abends kam dann Bartl und fragte: Wie vü' ischt's denn eppa dösmol?

Nach jeder solchen Frage lag der Widerschein eines reinen Glückes auf ihren Gesichtern. Es war auch nicht zu wundern. Purgl lebte in dem Gedächtnisse so manches Besuchers als ein Ereignis fort. Literaten erfuhren Seelenwanderungen bei ihr; großstädtische Lebemänner verließen sie mit dem angenehm prickelnden Gefühl, eine faustische Tat an einer Gretchennatur verübt zu haben, und mehreren deutschen Professoren brachte die Nähe des „jottvollen Mädchens" den Zusammenbruch ihrer sittlichen Weltanschauung.

Purgls Kunst war trotz aller Schlichtheit groß.

Sie hätte sich auf jedem wirklichen Theater mit Ehren behauptet.

Nach wenigen schneereichen Wochen waren die beiden glücklichen Menschen so weit, daß Bartl eines Abends sagen konnte: Purgl, wonn 's a so weida gehd, na' kchenn' ma am Fruajohr heiratn!

Doch das Unheil blieb nicht aus. Der Winter hielt nicht, was er im Anfang versprochen hatte; er wurde ganz untarrolisch. Ein großer Teil des Schnees schmolz weg, Regentage folgten, und die späteren Fröste bildeten aus der weichen, breiigen Masse nur harte, klingende Eiskrusten, aber eine hohe Schneedecke kam nicht mehr zustande.

Die Sportsleute blieben aus, Purgl und Bartl wurden von Tag zu Tag mutloser.

Schließlich gab es keine Hoffnung mehr. Im Mai fand Bartl einen erfrorenen Star. Mit trauriger Miene legte er ihn vor Purgl hin. Siegst es, do schaug her, sagte er, hiazt wird's bold Fruajohr und mir kchennen do nöt heiratn, wä' uns da Heagood z'weng Schnee owa g'schickcht hod! Na müaß' ma holt wortn bis an Hirbscht! – –

Geduldig warteten sie zunächst auf den Sommer und die Sommergäste. Purgl zog wieder ihre Nationaltracht an, stand damit wieder vor der Haustüre und sagte zu den vorbeigehenden Touristen Grüaß Gauoood! – –

Viele graue Regentage zogen über das Land. Wenig Fremde kamen. Das Mädchen wurde ernster und ernster. Bartl, flüsterte es, wos g'schiacht, wonn ma im Hirbscht wieda nöt heiratn kennen? Du woaßt, wia mei' Zuastond ischt – i mecht nöt mei' Ehr' valiern, i bi' a o'stendigs Madl!

Tan ma wortn, entgegnete er, tan ma nöt glei verzweifln, ös wird scho' no' zomageh'![1] –

Der hoffnungsstarke Mann sollte recht behalten. Purgl lernte einen preußischen Legationsrat kennen. Er war „von", Witwer, hatte eine große Glatze, zerstörte Nerven vom Aktenlesen und zudem eine bedeutende Erbschaft. Oftmals empfand er im Gehirn einen stechenden Schmerz und konnte dann tagelang nichts denken. Die Ärzte rieten ihm Landluft und Spaziergänge an. Das brachte ihn nach Tarrol. Dort ging er denn täglich spazieren, „janz nach Landesart jekleidet". Wenn ihn der stechende Schmerz im Gehirn verließ, hatte er stets denselben Lieblings-

---

1) zusammengehen.

gedanken: Für einen Einheimischen gehalten zu werden. Darum ging er in die Messe, begleitete die Prozessionen, rauchte lange Pfeifen und kaute Tabak, um schön braun ausspucken zu können. Als er einmal zufällig an Purgls Haus vorbeikam und von dieser in landesüblicher Art gegrüßt wurde, empfand er eine unbändige Freude. Sogleich knüpfte er mit ihr ein Gespräch an: Grüß Go-ad! Pischt wohl a hier jeboren? Jo-a, das si-acht man sofort! I – bin aus Sterzing, obba dort sind die De-an-deln nicht so hübsch wie bei euch hier! Ach ne! Hascht wohl a 'nen Bu-aam?

Sie hielt ihn zuerst für verrückt, ging aber doch, einem wunderbaren Instinkte folgend, auf seine Ideen ein. Was in seinen kühnsten Träumen nicht vorgekommen war, ging nun gar bald in Erfüllung: er hatte ein „Deandl", das ihn liebte, er war ein ächter Tarrola Bu-aaa!

Dieses Bewußtsein versetzte ihn in einen Zustand nie geahnten Glückes. Er vergaß darüber selbst das „Berliner Tagblatt" zu lesen und die Kaiserbilder in der „Woche" anzuschauen. Er vergaß darüber auch den Wert des Geldes und kaufte ihr, was sie verlangte. Auch hierin zeigte sie eine gute Methode, indem sie mit Kopftüchern und Gebetbüchern anfing, um dann langsam zu silbernen Armreifen, Broschen, Ringen und Ohrgehängen überzugehen. Dafür saß sie dann abends auf seinen Knien, und er konnte ihr zuflüstern: Ach, jeliebte Purchl, mir ist so janz – janz – eejentümlich – zu Mu-aaate!

Eines Tages erschien ein kräftiger, untersetzter Bauer bei ihm. Ohne Einleitung begann er: Daß S' es nua glei' wissn, i, i bi' da Voda!

Beim Anblicke dieses Menschen vergaß der Legationsrat plötzlich seine tarrolische Abkunft wie seinen Geburtsort Sterzing und sagte: Was wünschen Sie von mir?

Daß S' es glei' wissn, moch' ma 's kurz, i bin da Voda vo' da Purgl, Sö hom's Madl vafihrrt, 's Madl kriagt a Kchind von Eeana –

Herr! Mensch! – –

Moch' ma 's kurz! Mia san o'stendiche Leit, gebn S' ihr d' Ehr wieda: wos zohln S'? –

Mann! Mensch! Sie – Sie – ! Det is janz einfach 'ne Jemeinheit. Ich – ein Kind – mit – ich – – – !

Wolln S' es vielleicht gor no' laug'na[1], daß 's Madl kchenna? Hm?

Kenne sie, jut – aber – aber – Mensch! Wissen Sie was – was – wie soll ich's Ihnen nur 'mal erklären – 'ne ideale Freundschaft is? Und dieses Mädchen sacht, daß – daß –

Sogt dö lautare Wohrheid! Übalegn S' Eeana dö Soch' guad – und daweil Pfiad Goood! –

Als der biedere Alte gegangen war, brach der Legationsrat fast zusammen. Neuerdings überfiel ihn der stechende Schmerz im Gehirne. Er konnte nur noch das eine Wort flüstern: 'ne abgrundtiefe Jemeinheit – – –

Bald darnach kam als zweiter Besuch ein stämmiger Bursche. Er drehte seine fürchterlichen Handflächen nach außen und sagte wie der Vater ohne Einleitung:

I – i – bi' da Bruada! Schaugn S' Eeana dö Hänt' o'! Schaugn S' Eeana in Spiagl o' und nocha schaugn S' mi o'! Daß S' es wissen: Z'erscht moch' ma dä Soch' unta

---

[1] leugnen.

uns aus und nocha erscht geh' ma zon G'richt! – Pfiad Goood! –

Nach dieser kurzen, aber inhaltsreichen Rede ging der „Bruder" – Bartl – gleichfalls ruhig fort.

Die Familie hatte eine kaltblütige und überlegene Art des Handelns. Schleunige Flucht war der erste Gedanke des Legationsrates, als ihn das Stechen im Gehirne verlassen hatte. Doch sogleich mußte er als Patriot an die Ehre des Vaterlandes und den Ruhm des preußischen Namens denken. Ein Borusse flieht nicht! Nach einer sehr gut durchschlafenen Nacht schien ihm die Sache wesentlich anders. Keinesfalls Flucht! Unsinnige Idee! Man konnte zahlen, warum nicht? Eigentlich geschah damit doch ein gutes Werk. Freilich – eine Gemeinheit blieb es – man lachte wohl im geheimen über ihn – hm. Aber schließlich – Tarrol und Berlin liegen weit auseinander – und einmal wird man es in Berlin erfahren, daß er nach Tarrol Alimente schickt, daß er dort ein uneheliches Kind hat – man muß es einfach erfahren, muß! – Der ganze Stammtisch wird es wissen, Doktor Striesewitz, Freund Lehmann, alle, alle! Sie werden witzeln und spotten, und er wird dazu ganz leise und fein lächeln und schweigen. – –

Nein, nein, keinen Ärger! Die Geschichte ist die paar tausend Mark wert! Er, Legationsrat von Glienicke, hat in Tarrol ein uneheliches Kind – und Berlin ist soweit von Tarrol! – – Er hatte für Weiber immer so wenig, zu wenig ausgegeben, hatte jung geheiratet – und jetzt, jetzt im Alter kam ihm das beglückende Gefühl, ein Lebemann, zu sein. – – Doktor Striesewitz wird es erfahren, Freund Lehmann und alle, alle! – – –

Der Gedanke regte ihn auf, er verbrachte einen ganz und gar glücklichen Tag, dessen Segen ihm auch kein Vater und Bruder störte.

Und wieder schlief er eine traumlose, stille Nacht darüber. Nach dieser Nacht stand er mit einem unnennbaren Gefühle auf. Die Landestracht, die er noch am Vortage mit einer europäischen Kleidung vertauscht hatte, zog er nun wieder an.

Dann ging er lange auf und ab. Er erinnerte sich des einen Abends – vorher hatte er eine Flasche Wein getrunken – es war lau und sternenklar gewesen – richtig! richtig! – Damals waren betäubende, sinnesverwirrende Stimmungen über ihn gekommen, mit diesen Stimmungen war er zu ihr gegangen, hatte sie geküßt, ohne sie eigentlich zu sehen – nur das Gefühl ihrer Formen war ihm gegenwärtig gewesen – ja! ja! Er erinnerte sich ganz genau, wie ihn damals ein unendlich heißes Gefühl durchschossen – – wie – wie – ja, auch das! – sie hatte einmal aufgeseufzt – sonderbar aufgeseufzt – und finster war es auch – und der viele Alkohol in ihm – und das heiße Gefühl – – ja – ja – damals – damals – – !

Er besah sich im Spiegel, seine Brust hervorwölbend – Legationsrat v. Glienicke – – – ja – ja – das bist du!

Er wiederholte alles noch einmal in Gedanken: Finsteres Zimmer, Alkoholgenuß, eigentümliches Aufseufzen des Mädchens und dann das heiße Gefühl – das heiße Gefühl!

Einen Augenblick hatte er daran gedacht, ganz im geheimen unter Ehrenwort Doktor Striesewitz zu fragen, ob das bei seinem Alter denkbar, möglich oder wahrscheinlich sei, daß – – – Unsinn! Wozu noch fragen! Da gab es keinen Zweifel, das war keine Gemeinheit – nein, nein!

Es war so – – war ganz sicher so!

Seine Augen glänzten, er lächelte und sah sich dabei wieder in den Spiegel: es war das Lächeln, das er für Berlin vorbereitete. Endlich stieß er einen Schrei aus, halb Triumph, halb Staunen, einen Schrei, wie er ihn in seinem stillen Leben noch nie zusammengebracht hatte, einen Schrei, daß ein zufällig vorbeigehender Kellner erschrocken zur Türe hereinstürzte: Mein Herr, Sie haben geschrie – gerufen –? Sie befehlen? Sie befinden sich vielleicht – ?

Nichts! Nichts! Gehen Sie! Das heißt, nein, kommen Sie her! Hier – nehmen Sie fünf Kronen Trinkgeld! – –

Noch am selben Tage schloß er mit der Familie Purgls Frieden, einen gerade nicht sehr billigen Frieden.

Für a so an Ehrlosi'keit geht's nöt mid oana mankchen[1)] Bezohlung, sagte der ehrenfeste Hausvorstand.

Der Legationsrat gab nach; wozu noch ängstlich rechnen? Es war sein erstes wie sein letztes Kind – und vor allem: es war *sein* Kind.

Ein Notar, den natürlich gleichfalls er bezahlen mußte, setzte den Vertrag auf. Wenn das glückliche Ereignis vorbei war, würde man ihn sofort durch ein Telegramm verständigen, und dann hieß es, die festgestellte Abfindungssumme zahlen. So verlangte es die Familie, auf jährliche oder monatliche Alimente ging man nicht ein.

Der Notar wollte im Vertrage noch die Möglichkeit einer Fehlgeburt in einem Punkte mit besonderen

---

1) geringen.

Bestimmungen berücksichtigen. Aber ehe Vater und „Bruder" protestieren konnten, sagte der Legationsrat: – Ne, is nich! Jibt's nich, wird nich sein! –

Als er abreiste, trug ihm Bartl den Koffer zum Bahnhof. In solcher Harmonie schieden sie!

Eines Tages erhielt der Legationsrat in Berlin denn auch das sehnsüchtig erwartete Telegramm. Mit zitternden Händen riß er es auf. Drinnen stand:

Kräftiger Knabe Geld Bartl

Er strahlte. Er rechnete nach: keine acht Monate – und dennoch kräftig – und sogar ein Knabe! Noch am selben Tage schickte er das Geld ab und lud seine Freunde zu einem feinen Abendmahl bei Dressel.

Keiner wußte, was das bedeuten sollte. Doch so oft er auch gefragt wurde, er gab keine bestimmte Antwort, sondern lächelte nur ganz leise, ganz fein – –

Zur selben Zeit, als der Legationsrat mit seinen Freunden tafelte, gab es auch in Tarrol zwei glückliche Menschen: Purgl und Bartl.

Mit verklärten Mienen sahen sie auf eine internationale Postanweisung hin.

Schaug, sagte Bartl, die G'scherten aus Berlin san a wohra Seg'n fir inser Lond! I hob's jo ima g'sogt! –

Vergiß nöt, entgegnete die junge Mutter, daß olla Seg'n van Himmü' kchemt!

Da falteten beide die Hände und sprachen ein frommes Gebet.

Monsieur le maire.

Europäische Einrichtungen fehlen in Tarrol keineswegs. Eisenbahn, Post, Telegraph und Telephon kennt man seit vielen Jahren. Allerdings sind fast überall Tarrola angestellt, die außer ihrer Muttersprache weder Deutsch noch eine andere europäische Sprache verstehen, doch geht der Dienst trotzdem zumeist ganz gut von statten. Die Leute sind nämlich ebenso praktisch als pflichtgetreu. Ich erinnere mich zum Beispiel, daß mir in den ersten Tagen meines Aufenthaltes in Tarrol das Ausbleiben meines europäischen Tagblattes auffiel. Nach einiger Zeit wendete ich mich an den Postleiter des Ortes um Auskunft.

Jauooo, sagte er, wolln S' laicht Eanare Zeidung olle Toch lesn?

Ich bejahte.

Jauooo, fuhr er fort, nocha ischt's freili wos andascht's! Dö Zeidung, segn S', ischt olle Toch kchema, owa mia hom uns denkcht, ös ischt dös nemlache, wonn ma imma bis am Suntoch wortn, do hot ma mehr Zeid zon lesn und nocha hom S' glei' olle sieben Stuckch' auf oamol und mia hättn 's a [1] a'focha. Naaooo, setzte er ganz wohlwollend hinzu, wonn 's owa justament sei' muaß, nocha kchenn' ma Eana dö Zeidung in Gott's Nom' a olle Toch schickchn!

Ich bedankte mich höflich für so viel Aufmerksamkeit und erhielt von nun ab mein Blatt fast täglich zugestellt.

---

[1] auch.

Auf diese Weise – durch Anwendung der äußersten Liebenswürdigkeit – wurde die Post den Querulanten los, der täglich seine Zeitung lesen wollte. –

Schwieriger war die Affäre, vor die einmal die Postverwaltung Innschbruckchchs gestellt wurde.

Ein Tarroler selbst sagte mir einmal, daß die Innschbruckchcher unbedingt die intelligentesten unter allen Tarrolan seien. Dies allein erklärt es, daß die verwickelte Angelegenheit doch ohne erhebliche Schwierigkeit gelöst werden konnte.

Die verwickelte Angelegenheit wurde durch einen Brief heraufbeschworen, der aus Paris nach Innsbruckchch kam und die Aufschrift trug: „Monsieur le maire d' Innsbrück", auch Straße und Hausnummer waren beigesetzt.

Der Briefträger brachte den Brief bald darnach seinem Vorstande mit der Bemerkung zurück, daß ein Herr Mair in dem betreffenden Hause nicht existiere. Da der Brief eingeschrieben gesendet war, ein großes Gewicht und ein ganz ungewöhnliches Format hatte, also zweifellos wichtige Dinge enthielt, beschloß man, die Sache mit amtlicher Gewissenhaftigkeit weiter zu verfolgen.

Zunächst versuchte dies der Vorstand, indem er dem Briefträger folgende Instruktion gab:

Erschtens frogn S', ob in dem Haus nia a Herr Mair g'wohnt hot, zweitens ob nöt vielleicht a Herr Mair a Wohnung durt g'numa hot und erscht ei'ziag'n wirt, und drittens frogn S', ob in dem Haus nia a Herr Mair vielleicht oamol g'sturbn ischt! Da Foll ischt nöt so a'foch! Do hoaßt's seine Gedonkchn z'sam'nehma! –

Allein der Briefträger brachte eine ergebnislose Antwort: In dem Haus wohnt nua da Bugamoasta und nocha sei' Hausmoasta, und dea hoaßt Mathias Zingerle und nöt Mair.

Jetzt begann man in der ganzen Ansiedlung die Maier zu suchen. Es blieben nur zwei „Mair" übrig, alle anderen waren e- oder y-Maier. Von den beiden richtigen „Mair" erklärte der erste, daß er als anständiger Mensch und Katholik niemals unter den heidnischen Franzosen Bekannte gehabt habe, die ihm Briefe schreiben könnten, indessen der andere versicherte, daß alle seine Verwandten und Bekannten, die zudem sämtliche in Tarrol lebten, ebensowenig wie er zu lesen und zu schreiben verständen. Als er dies gesagt hatte, traten ihm die Tränen in die Augen und er murmelte: Hiazt hob' i bold siebenzich Johr ols urdantlacha Kchrischtenmensch g'lebt, und hiazt kchemt gor die Beherte[1] iwa mi und mecht ma mei' Lebensend vabittern. Dös ischt wohl org! – –

Nun wanderte der Brief zum Postdirektor. Er wollte nicht allein entscheiden und berief daher seine gewiegtesten Beamten zu sich, um den schwierigen Fall zu lösen.

Aber niemand wußte einen anderen Rat, als den Brief, der glücklicherweise rückwärts die Adresse des Absenders trug, nach Paris zurückzuschicken, weil es einen zu der Sendung passenden Mair in Innschbruckch nicht gab. – –

Und so geschah es.[2]

Nach einiger Zeit kam der Brief im selben Umschlag zurück, doch trug dieser nun die Klammerbemerkung „An den Hern Birgrmeister!" –

---

1) Behörde.
2) Um ganz genau zu sein! Es geschah anno 1907!

Na alschdann, brummte der Postdirektor, do siacht ma wieda dös Publikum! Dö Poscht soll rein ollas riach'n! Als ob inser Burgamoasta Mair hoaßat! Dea Kerl schreibt an Briaf und woaß nöt an wen! – A so a Mo' ischt a Viach ! – –

Ein Aufgeklärter.

Ein solcher war Lienhard Flexel. – Lange hatte er in Europa gelebt, und so wurde er allmählich zivilisiert, vielleicht sogar kultiviert. Das Deutsche beherrschte er in hohem Grade. Wenn wir uns beim Mittagstische trafen, sagte er „Mahlzeit", auch spuckte er niemals vor sein Gegenüber hin sondern stets zur Seite. Seinem Hunde reichte er die Bissen nicht auf dem Teller zu, sondern mit der Gabel, indessen er selbst mit dem Messer auffaßte. Europas Hygiene war ihm nicht fremd. Nach dem Mahle säuberte er seine Zähne stets mit dem Taschenmesser und badete seine Finger im Trinkglase.

Manche seiner Eigenheiten sprachen für einen raffinierten Lebenskünstler. So spuckte er vor dem Anrauchen stets auf seine Zigarre „damit daß 's Däckchblott bessa pickchen tuat," und die Zigarettenstummeln mischte er unter den Schnupftabak „wä' dös a so vül a feins Arauma gibt".

Weite Reisen hatten ihn mehrmals nach Europa geführt. So war er einmal in Lambach in Oberösterreich gewesen und ein anderes Mal in Raubling im Bayernland.

Von diesen weiten Reisen stammte seine Welt- und Menschenkenntnis.

Soweit ols daß die Berch gengan, ischt dö Wölt sche', pflegte er zu sagen; durt oba, wo die Berch aufher'n, do wirt's wüascht. Do bi' i nocha, wia i koane hoch'n Berch mehr g'seg'n hob', um'kchehrt und wieda hoamg'fohrn. Wä' ma dahoam die Berch hom, und wo die Berch san, ischt's sche', und vo' olle Berch san insere Berch die schensten Berch! –

Etwas Rührendes liegt in dieser „Berch"-Philosophie. Der Weltreisende, der Weltmann, der die Erdkugel von Tarrol bis Lambach und Raubling kennt und doch mit unbezähmbarer Sehnsucht aus aller Breite und Weite wieder in die „Berch" zurückkehrt: die Kraft der Scholle, der Sieg der Heimat über Unstetigkeit und Wandertrieb!

Die Berge umgeben ihn wie ein schützender Wall vor allem, was ihn anders machen könnte. Er aber will bleiben, was er bisher war: ein Tarrola. Dazu braucht er seine Berge; die werden das besorgen.

Selbst eine Bibliothek besaß er. Er zeigte sie mir einmal mit vielem Stolze. Hier sah ich nicht nur Heimburg und Marlitt, denn zwischen den beiden Damen schob sich ein Band Nietzsche ein, und von diesem gelangte man über Ganghofer und drei Bände Gartenlaube zur „Kritik der reinen Vernunft".

Olles moderne Literatur! bemerkte er. Von der Literatur kam er auf seine Weltanschauung zu sprechen und erklärte mir: I bi' Gott sei Dankch freiheitlach gesinnt! I scho'! Wenn i zon o'schoff'n hätt', nocha gangat's glei' andascht!

Was würden Sie tun, Herr Flexel?

I? Erschtens: Es wirt die Räbublickch ei'g'führt, zweitens: Es wirt die Weibergemeinschaft va'kindet, und nua dä, dä wo racht olte, schiache Weiba hom, kennen si's b'holt'n fir eana sölwa[1], drittens: Es wirt in jed'n Ort a Uniferfitet ei'g'richt, damit daß das Volckh an urdantlache Bültung kriagt, dann werden sechs wechantlache

---
1) für sich selbst.

Feiertäch ei'g'fihrt, daß si da Mensch vo' seiner Orwat[1] erholen ko', ferner werden semmtlache Jud'n, dö wo in Tarrol san, kaschtriert, und semmtlache Pölz[2] von staatswegen o'g'schossen! So mochat's i, wä' i a Libarala bi', und nocha wurdat's bessa bei ins! Wonn nua dö Mehraren so denkchen tat'n wia i! Owa dö Mehraren san eb'n a Bagaschi! –

Damit traf er den Kern der Sache.

Er war ein Mann, der deutlich zeigte, daß es auch in Tarrol Liberale gibt. Aber sie sind eben alle wie er: ihre Ideale gehen allzuhoch, darum erreichen sie wenig.

Doch genug daran: es sind nicht gewöhnliche Liberale, es sind ganz und gar tarrolische Liberale.

Das ist ein Programm für sich. – Äußerlich schien er noch ein Tarrola zu sein, aber auch nur an Wochentagen. An Sonntagen zeigte er sich vollkommen als Weltmann – wenigstens oberwärts. Das landesübliche Jägerhemd mit der Touristenschleife verschwand; er erschien stets mit hohem weißem Stehkragen, Handschuhen und schmaler Modekrawatte, schwarzem Salonrock und geblumter Weste, wozu er kurze Hosen, Wadelstrümpfe und Bergschuhe, sowie einen grünen Hut mit „Gamschbort" trug.

---

[1] Arbeit.
[2] Welsche.

Man kann also sagen, daß er vom Hals bis zum Nabel Europäer geworden war, nur Kopf und Beine bewahrten die nationalen Eigenheiten seines Volkes.

Wer ihn so daher kommen sah, hätte kaum vermutet, einen Mann vor sich zu haben, dem bloß die Gelegenheit fehlte, Throne zu stürzen und die freie Liebe einzuführen. –

Einmal gab ich ihm ein Buch zu lesen, das man mir – ich weiß nicht warum – geschenkt hatte. Es hieß „Ehe und Liebe". Was sagen Sie zu dieser Schriftstellerin? fragte ich ihn nach einiger Zeit.

Gelassen antwortete er: Arrogante Nockchn! Dö moant, da Mensch ko' si g'scheida mochn alsch a ischt! Geht nöt! Geht nöt! Arrogante Nockchn!

Das Beste an ihm war doch nicht europäisch! Niemals versäumte Flexel, die Predigten des berühmten Kanzelredners Daxenbichler (siehe später!) anzuhören. Ich konnte dabei oftmals bemerken, daß er zu dem großen Manne mit Tränen in den Augen emporblickte.

Wie, der kann's! sagte ich einmal gelegentlich der Predigt gegen die Juden.

Jawoi! entgegnete Flexel, der kann's no' bessa alsch der Hannibal!

Als der Hannibal? – – Hat der Reden gehalten?

G'wiß! Das ischt ein großer griechischer Redner g'wesen, der wo große Reden getan hat, als die Juden seine Vaterstadt Jericho haben erobern wollen! – Aber der Daxenbichler kann's no' bessa! –

Nach diesem Ausspruche mied ich Herrn Flexel einige Zeit. Er hatte mich nämlich beleidigt, weil ich Hannibal als Redner unbedingt über Daxenbichler stelle.

Endlich sah ich ihn wieder. Sein Gesicht war ungewöhnlich ernst.

Befinden Sie sich nicht wohl, Herr Flexel, weil Sie so gedrückt aussehen? fragte ich teilnahmsvoll.

Wohl fühl' i mi' schon, entgegnete er, aber eben nur auswendi'! Einwendi' gor nöt!

Ah! Wo fehlt's? Im Magen?

Na, na, no' einwendiger! In d'r Söl![1] In d'r Söl! I' hob' gonz vergessen, daß i scho' zwoa Wochen nöt beichten wor! Dös ischt zu lang – auch fir inseroan!

Er wandte sich zum Gehen.

Leben Sie wohl, sagte ich, ihm herzlich die Hand drückend. Sie sind ein ganzer Mann!

Da richtete er sich plötzlich stolz empor und meinte: Jawoi! Dös scho', Gott sei Dankch! Aber es koscht'![2] Es koscht'! – Vierzich Gulden Alimenter im Monat! – – –

Dann schieden wir.

Lienhard Flexel ist noch jung. Wenn er einmal das nötige Alter erreicht haben wird, wählen sie ihn sicher zum Abgeordneten. Er verdient es! Er, der berufene Vertreter des echt tarrolischen Liberalismus, den eine Eigenschaft hoch über alle Gesinnungen ähnlicher Art emporhebt; sie heißt: Konsequenz verbunden mit unverwüstlichem Humor.

---

[1] Seele.
[2] kostet.

Liebeslieder und andere Verse.

(Entdeckt unter den Schriften des
tarrolischen Dichters Tonerl Schmidhuawa 1610—1670.)

's Fenschterln.

Kirzlach[1] hob' i's endlach außa'bracht,
Z'weg'n wos mir Fenschterln ledi'[2] bei da Nocht:
Weil insere Dirndeln holt im Liacht
Gor so viel schiach san, wann ma's[3] deitli' siacht![4]

---

1) Kürzlich.
2) nur.
3) man sie.
4) sieht.

Aus den Schriften desselben Dichters:

1. *Vor dem Fenster.*

Loß' mi auffi!   Loß' mi owi!
Loß' mi aini!   Hoscht mi gern?

2. *Der Rückzug.*

Loß' mi auffi!   Loß' mi owi!
Gescht nöd aini!   Hob' mi gern!

3. Der Rohling.

Wos? Vo' mia ischt's?
Na! Vo' eam ischt's!
Dös, dös kchenn' i!
Moch koa' G'frieß!
Hiazt[1)] tat s' plärren!
Hiazt tat s' rärren![2)]
Vo' nix woaß i;
Hob mi gern!

4. Die Klage der Verlassenen.

Ischt's vo' eam, vom Ondern oder vo' oan ondern
    Ondern gor?
Was woaß denn i', i' ormer, ormer Norr!
's ischt holt, wä' 's ischt! Wer mirkcht's denn glei'?
I' woaß nua dös: vo' oan muaß sei'![3)]

– – –

Grabschrift auf eine wahrhaftige Jungfer,
    die ich reinlicher Weis sehr verehret hawe.
Hier ruwet die gerechtsam Jungfer Gertraud
    Eisenstäckchn,
Tat niamals nicht durch Fleischeslüschte
    sich befläckchn,
Erzog in Ehr und Zucht auch ihre vierzehn
    Kchinder,
Nimm dir ein Beispiel dran, oh Kchrischten-
    mensch und Sinder.

---

1) jetzt.
2) Dasselbe wie plärren: weinen.
3) sein.

's Schiaßn oder mei' lötzte Bitt'!

Mia Tarrola, mia schiaßn zo jeglacha Zeit,
Mia schiaßn fir die Lušti'kcheit und Trauri'kcheit,
Fir die Mess' und d'Prozession da schiaß' ma'
    nöt schlecht,
Mia schiaßn fir die Laicht'[1] und fir die Ho'zat[2]
    erscht recht!
Mia schiaßn wä's holt a gor so vül schener Brauch,
Sche'[3] – zweg'n Fuir[4] und Kchnoll und zweg'n
    G'stankchn[5] und Rauch!
Und hod oaner's Schiaßate[6] nöt recht in d'r Söl'
    drei',
Donn kon's a ka richtinga Tarrola nöt sei'!
Und wonn i oamol stirb, braucht's nöt z'laitn und
    nöt z'betn,
Und 's Roztüachl[7] o'rärren[8] ischt a nöt von netn,
Nua oans vergeßt's nöt – denn dös tat mi org
    verdriaßn –
Daß d'Schitzn ausruckchn und schiaßn – schiaßn
    – schiaßn!!

---

1) Leiche, d. h. Begräbnis.
2) Hochzeit.
3) Schön.
4) Feuer.
5) Gestank.
6) etwa: den Hang zum Schießen.
7) Sacktuch.
8) anweinen.

Meine Liab' ischi wia a Späckkchnedl.

Meine Liab du bischt wia ein Späckkchnedl rund,
Das ich verschling mit gieringa[1]) Mund;
Das Möhl drein ischt so weiß wia deine Bruscht,
Der Späckch drei' so rot wia deine Lippen, die mit
    Luscht
I' kiß, ob du 's dalaubst oder nöt,
Bis 's Mäul mir wass'rig wird und schier iwageht!
Du sölwa, Dirn, bischt wia a Späckkchnedl
    g'mocht,
So g'schmolzich und hondlich[2]), daß am[3]) 's Herz
    glei locht!
Und wonn's d'r a nöt recht ischt, i kchem wia
    a Diab,
I ko' nöt widerstehn, – i friß di' vur Liab!

– – –

Wie viel Leidenschaft, Liebe und Volksbewußtsein, wie viel Poesie mit einem Worte ist in diesen einfachen Strophen! Tonerl Schmidhuawa verdient, entdeckt zu werden. Das ist „Heimatskunst", „bodenständig" und „wurzelächt".

---

1) gierigem.
2) handlich, handsam.
3) einem.

Eine Sommerliebe.

Die blanken Bergspitzen ragten funkelnd in den blauen Himmel hinein, die Wälder dufteten, die schroffsten Felswände hatten ihre Blüten und ihre Farben; wo man unter den Schneemauern des Winters nie einen Wasserlauf vermutet hätte, da sprühte und rauschte es jetzt zwischen Farnkräutern und Dotterblumen munter talab: Der Sommer war gekommen.

Alles, was den harten, langen Winter überstanden, alles, was in den Frühjahrswochen nicht erfroren war, lebte jetzt mit doppelter Freude.

Es zirpte und sang auf den blumigen Wiesen, es sang von den schweigsamen, ernsten Föhren und Fichten herab, unter denen die Rehe mit ihren sanften, lieben, großen Augen fürsorglich dahinschritten.

Die Wandervögel waren längst gekommen. Erst lange nach ihnen trafen die Sommergäste in Tarrol ein. Sie kamen aus den verschiedensten Ländern Europas und mit den verschiedensten Erwartungen und Wünschen.

Familie Hedemann aus Berlin – Mutter und zwei erwachsene Töchter – kam mit der Sehnsucht nach ländlicher Stille, Ursprünglichkeit und „jemütvollen" einfachen Menschen.

Der Vater wollte erst viel später nachkommen. Da sie vorderhand nicht daran dachten, waren sie sehr fröhlich.

Sie wohnten in einem abgeschiedenen Tale im Hause eines Kleinbauern. Mit ihrer Berliner Kultur fühlten sie sich unter den Tarrolern wie allmächtige Götter unter hilflosen Menschen. Sie lächelten und witzelten über die Bauern und schwärmten für Volkstrachten, Berge und „ächte Naturbutter".

Ganz besonders aber entzückte sie ihr Hausgenosse Cölestin Attlmayr, genannt „Lastl". Schon der seltsame Name Cölestin und der selbst in Tarrol landesfremde Rufname Lastl machten ihnen den Burschen interessant.

Lastl, der Sohn des Bauern, war zwanzig Jahre alt, kräftig gebaut, stiernackig, mit ganz kleinem Kopfe, schweinsäugig und großohrig. Seine zottigen Pratzen waren so gewichtig, daß sie noch weiter schwangen, wenn er stehen blieb. Er ging nicht mit seinen eisenbeschlagenen Bergschuhen, vielmehr schienen die Schuhe mit ihm zu gehen. Mit seinen Trittflächen allein überwältigte er vier Gegner. Wenn er noch überdies die Hände dazu nahm, war der ganze Gemeindeausschuß gegen ihn machtlos. Und die sechs Gemeindeausschüsse hatten ein Gesamtgewicht von 638 kg. –

Lastl war für die Berliner Damen der Typus bäuerlicher Naivität und Stupidität, eine herrliche Zielscheibe ihres überlegenen Witzes und ihrer europäischen Ausgelassenheit. Lastl merkte nichts und duldete alles. Bei ihren Fragen und Spötteleien zeigte er eine Miene unbegrenzter Trottelhaftigkeit. Sein inhaltsloses Lachen im Vereine mit dem nichtssagenden Blicke seiner Schweinsäuglein gaben ihm den Ausdruck einer schrankenlosen, unerschütterlichen Gedankenlosigkeit. Hinter dieser Maske lebte er. Seine fla-

che Schädeldecke barg ein Gehirn, das nicht größer war, als das eines achttägigen Kalbes. Aber dieses Gehirn hatte Raum für alle Gedanken, die er brauchte. Als die Berlinerinnen noch nicht ahnten, wer er war, kannte er sie schon vollkommen.

Zur Tochter des Dorfkrämers sagte er „Guadn Toch, Fräuln Marie", indessen er die zwei Berliner Mädchen stets nur mit „Grüaß enk Gauood, Menscha" begrüßte.

Dieser Gruß verlor für die beiden jungen Damen nie an Reiz. Sie lachten sich jederzeit halb tot, als wenn sie ihn zum ersten Male hörten.

Als man ihm einmal mit Apfelsinen aufwartete, wollte er die Schalen essen und das andere wegwerfen. Eine Woche lang sprachen die Berlinerinnen davon. Freilich ahnten sie nicht, daß Lastl im vergangenen Sommer von einer alten frommen Gräfin mehrere Wochen hindurch mit Beefsteaks, Kaviar und Selleriesalat gefüttert worden war, also bedeutend feiner gelebt hatte, als es sich die drei Damen erlauben durften.

Sie schwärmten für Lastls Urwüchsigkeit. Een jottvoll-ursprünglicher Mensch, sagte die Mama. Een jemütlicher Bursche, sagten die Töchter.

Lastl wartete. Er wußte, worauf er zu warten hatte.

Zuerst diente er Hede, Hede Hedemann, als „Bergführer". Er zeigte ihr einen „b'sundas schen' Woldwäch"[1]. Seine Arbeitsmethode war immer die gleiche. Alle führte er über diesen Waldweg, Fremde und Einheimische. An einer bestimmten Stelle war ein schmaler Steg und darunter eine tiefe Mulde, darin eine hohe, weiche Schicht roter Buchenblätter lag. Als sie über diesen Steig gingen, schrie er plötzlich „Jessas na!" und stürzte ab. Im Sturz riß er sie natürlich mit. Und dann fielen sie – keinen Meter hoch – in die weichen, feuchtwarmen Blätter hinein.

So machte er es immer, weil er kein Freund vieler Worte war. Auch hatte er überhaupt für Buchenblätter eine besondere Vorliebe. Ein Städter würde darum sagen er war „pervers".

Erst lange nach dem Absturze kamen sie aus den Buchenblättern heraus. Sie waren heil.

Nach einigen Tagen stürzte er an derselben Stelle mit der Schwester Helene ab. Doch diese sagte ihm nachher: Lastl, du bist 'n janz jemeiner Schurke! und ehe sie ihn küßte, zerkratzte sie ihm das Gesicht. Hede hatte bloß vor Erregung geweint.

Dieses sehr verschiedene Temperament beider Schwestern entging Lastl nicht. Er hielt sich von nun ab

---

1) Waldweg.

mehr an Hede, was den Anfang verschiedener Konflikte bildete. Noch ärger wurde die Sache, als auch die Mutter ein freundliches Auge auf Lastl warf. Sie hatte ein Doppelkinn, einen starken Schnurrbart und transpirierte ungemein reichlich. Zwar war Lastl kein Feinschmecker, aber er besaß auch eine einheimische Geliebte. Darum bemerkte er das freundliche Auge der Mutter nicht, wiewohl er es sofort bemerkte. Der Mensch ist kein Gockelhahn. –

Mit ihr wollte er nicht abstürzen. Nun begann die Mutter ihre Töchter schärfer zu überwachen. Lastl fühlte die beginnende Feindschaft. Er fühlte aber auch den Argwohn seiner einheimischen Liebe. Sie stellte ihn schließlich, indem sie ihm sagte: „Du horcht oan Auch' auf die Stodtmenscha, dös kchenn' i! Natürlach, wä s' holt so vül wos sche' o'zog'n san! Owa dös woaßt nöt, daß vurn a jede a Handtiachl einig'schoppt[1] hot, daß 's herschaut, als won wos do wa, wonn a gor nix do ischt, do Tolm du!"

„Kathl," sagte er ernst, „du woaßt, daß i bei dä Weiba nur aufs Ei'wendiche schaug und gor nöt aufs Auswendiche! I wor d'r trei, i bleib d'r trei!"

Das waren Worte, die mit den Taten nicht übereinstimmten. – Sie erwischte ihn dabei, und weil sie ihn ehrlich liebte, gab sie ihm zwei gewaltige Ohrfeigen. Ihre Hände waren nicht viel kleiner als die seinen, Lastl hatte viel durchzumachen.

Dös ischt org schmerzhoft, murmelte er, wos an urdantlacha Kchrischtenmensch wegen zwoa so lutharische Menscha ausholtn und daleidn muaß! – Sein

---

[1] hineingestopft.

Gemüt war weich, er fühlte auch kleine Wunden. Unterdessen wurde die feindliche Mutter von Tag zu Tag tückischer. Sie sperrte Hede geradezu ein, und als er sich dann wieder mehr Helenen zuwandte, traf diese das gleiche Schicksal. Doch Lastl hatte Grundsätze, er blieb hart. Die Mutter begann ihn zu hassen. Sie wandte sich an seine Eltern mit der Bitte, Lastl, der ein frecher Bursche sei und ihren Töchtern nachstelle, dies energisch zu verbieten.

Ein Sturm der Entrüstung brach nun los. Der alte Bauer fluchte, die Mutter schimpfte. – Ös Bagaschi, ös elendache! Wos, insa Suhn giengat auf Eanara Menscha? Ah! do hert si' frei [1] ollas auf! Mia san urdentlache Kchrischtenleit, dö wos a Rölichion hom und dö wos koane fremdn Menscha nöt brauchn! Schamt's enk, wonn engare Madln so nixnutziche Schlomp'n und Fackch'n [2] san, daß s' an rachtschoff'nen Tarrolabuam vafihrn mecht'n! –

In die ganze Bevölkerung verpflanzte sich die Empörung gegen die lutherischen Sittenverderber; bis auf die Kanzel kam die Sache. Von dort herunter hörte man eines Sonntags die Warnung: Kchrischtlache Jinglinge, ich warne enk vor dö lutharischen Weiba, dö wos hiazt in insra G'moa die jung'n Menna zum Last'r und zur Sinte bring'n woll'n! –

Man kündigte den Berlinerinnen nicht, man setzte sie mit ihren Koffern einfach auf die Straße. Als sie zum Bahnhof abzogen, stand der „rachtschoffane Tarrola-

---

[1] doch, nahezu, fast usw.
[2] lüderliche Weiber und Ferkeln.

bua" Lastl beim Misthaufen und sagte: Pfiat enk Good, Menscha!

Diesmal lachten jedoch die „Menscha" nicht, nur Lastl lachte. –

Die „ächte Naturbutter", die sie genossen hatten, war zwar von einer europäischen Margarinefabrik geliefert worden, dafür aber kosteten sie einen unverfälschten Tarrola.

Vielleicht übersahen die nervösen Städterinnen beides.

Das Bauerntheater.

Bei meinen Forschungen über tarrolisches Innenleben durfte ich natürlich auch das Gebiet der Kunst nicht übergehen. Die gesammelten Daten blieben lange Zeit recht spärlich, bis es mir eines Tages gelang, mit dem Direktor eines Innschbruckchcher „ächt tarrolischen Bauerntheaters" durch Zufall bekannt zu werden. Ein gefälliger Europäer, der von meinem Forschungstrieb wußte, vermittelte das Zusammentreffen. Er stellte mich als Literaten und Zeitungsberichterstatter vor, was den Direktor ungemein respektvoll stimmte. Wir saßen in einer rauchigen Spelunke, um uns gab es nur Bauern und Knechte und angenehmerweise keine Ästheten.

Der Direktor machte auf mich sogleich den besten Eindruck. Er sprach sehr gut deutsch und war überhaupt ein zungengewandter Mann. Ich machte auch deshalb ganz unverhohlen eine Bemerkung, die ihn sehr heiter stimmte. Glauben Sie am Ende gar, sagte er, ich sei ein Tarrola? Ich dank' schön! – Ich bin Gott sei Dank aus Adlerkosteletz, mein Herr! Zum Theater bin ich so ganz durch Zufall gekommen, weil ich immer geschaut hab', ein Arbeitsfeld zu finden, wo möglichst wenig Konkurrenz ist. Zuerst war ich Agent einer Gummiartikelfabrik und bereiste als solcher die verschiedensten Länder, darunter auch Tarrol.

Hier nun kam mir beim Besuche eines Bauerntheaters plötzlich eine glänzende Idee. Ich wollte selbständig, ich wollte Theaterdirektor werden. Ich sah, daß die Vorstellungen sehr schlecht besucht waren und begriff sofort, woran dies lag und wie man hier Geld verdienen konnte.

Ich bin in der Tat gespannt! sagte ich zu dem geriebenen ehemaligen Gummiwarenagenten.

Hören Sie! Der Hauptfehler lag darin, daß die Leute am Theater alle die Landessprache gebrauchten, und die kann kein Ausländer verstehen. Darum gingen die Fremden viel zu wenig hin, und die Einheimischen geben für so etwas überhaupt kein Geld aus. Also muß man das Theater für die Fremden herrichten, wie man in Tarrol überhaupt nur von den Fremden Geld verdienen kann. Als ich mit meinen Plänen fertig war, wandte ich mich an den Chef meiner Firma in Deutschland. Er, als ein äußerst unternehmungslustiger Mann, ging nach einigem Zaudern auf meine Ideen ein und streckte das Nötige vor. Es war auch gar nicht so viel erforderlich.

Nun ging ich ans Werk. Ich kannte artistisch veranlagte Naturen genug, z. B. Zimmermädchen, die ich während meines Reiselebens in Gasthöfen kennen gelernt hatte; Friseurgehilfen, die mir meine hygienischen Artikel als Wiederverkäufer abnahmen und dergleichen Leute mehr. Ich brauchte also bloß zu wählen.

Dies wundert mich, warf ich ein, daß seßhafte Tarrola sich so schnell entschlossen.

Tarrola! lachte er auf. Lieber Herr, Tarrola waren dazu überhaupt nicht zu brauchen! Den Leuten mußte ich zunächst erst den Theaterdialekt beibringen, eine Sprache, die ich sozusagen eigens für unsere Fremden erfunden habe! Diese Sprache muß sich einerseits möglichst unauffällig an das Berlinerische anlehnen und anderseits eine Anzahl Wörter besitzen, die auf „erl" und „–u–a" endigen, und viele „sch" enthalten, damit es tarrolerisch aussieht und von den Norddeutschen doch gut verstanden werden kann. Wirklich tarrolerische Wörter dulde ich überhaupt nicht auf meiner Bühne, so ein Gegrunze versteht doch kein Mensch! Sie sehen ein, daß bei solchen Sprachenverhältnissen Tarrola, die doch bekanntlich nur ihre Landessprache zu

sprechen vermögen, ganz unverwendbar sind. Ich habe bei meiner Truppe bloß einen Tarrola. Es ist der, der den Dorftrottel darstellt, denn das trifft kein Fremder! Der muß echt sein! Was er spricht, versteht niemand, aber bei ihm kommt es auch nur auf das blöde Gesicht an. Und das hat er von Natur aus.

Als er dieses sagte, traten zwei Männer in auffallend bunten Trachten zu ihm heran. Guten Tag, die Herren! sagte der eine, der andere, sofort als Dorftrottel erkennbar, murmelte etwas Unverständliches.

Gewöhnen Sie sich doch endlich das „Grüß Goood" an, sonst erlernen Sie mir niemals meinen Dialekt, rief der Direktor ärgerlich zu dem Deutschsprechenden. Pardon! erwiderte der Zurechtgewiesene, aber wissen Sie, wenn man sich jeden Abend ein paar Stunden lang blöd stellen muß, möcht' man doch auch manchmal vernünftig reden dürfen!

Sodann gab es eine längere Unterhandlung. Nachdem die beiden gegangen waren, sagte der Direktor: Mein erster Liebhaber und der Dorftrottel! Der eine will heute nicht mehr im vierten Akt auftreten, weil er von ein paar fremden Damen geladen ist, und der Dorftrottel möchte erst im zweiten Akt kommen, weil er vorher in die Abendpredigt geht. Man muß manchmal nachgeben. Jetzt heißt es wieder, das ganze Stück schnell umändern. – Wie gefielen Ihnen die zwei übrigens?

Recht gut, sagte ich. Die Kostüme –

Gleichfalls meine Erfindung! ergänzte er stolz. Alles von auswärts bezogen! Denn wissen Sie, die tarrolischen Trachten sind am Theater ebenso unbrauchbar wie die tarrolische Sprache. Schauen Sie sich die Weiber im Lande an. Was tragen sie? Einen schwarzen runden Hut, ein paar schwarze Schleifen hinten, dazu einen zumeist schmutzigen Unterrock und ein Paar vertretene Stiefel, das ist die ganze Volkstracht. So was darf man nicht aufs Theater bringen! Da gehören bunte Farben hin, weiße Strümpfe, gestickte Mieder u. dgl., sonst gefällt es den Berlinern nicht. Darauf versteh' ich mich! Zudem war meine Frau früher als Mamsell in einem Prager Modesalon angestellt.

Erlauben Sie: schreiben Sie auch alle die Stücke selbst, die Sie aufführen?

Nein! Ich hab' es probiert, aber dazu hab' ich keine Geduld! Doch ich finde immer etwas. Wenn man die Namen und die Titel etwas ändert, kann man mit ein paar Stücken lange auskommen. Und dann hab' ich einen Schulkollegen – er reist gewöhnlich in Wirkwaren – der schreibt in seiner freien Zeit für uns. Er hat schon in der zweiten Realschulklasse, wo wir beisammen waren, Gedichter gemacht. Wissen Sie, es gehört, sag' ich immer, nur recht viel Geduld und Zeit dazu, dann trifft's jeder. Man hat im ganzen etwa ein Dutzend Figuren, die immer wieder vorkommen und nur richtig untereinander gemischt werden müssen. – Da ist das betrogene „Deandl", die gegenwärtige Geliebte oder die Bäuerin, der Dorftrottel und eines oder mehrere uneheliche Kinder, dazu Schuhplattlertanz und Zithernspiel. Mit dem findet man sein Auskommen.

Sicherlich hätte uns dieser weltgewandte Mensch noch viel Wissenswertes über sein „ächtes Tarrola Bauerntheater" erzählt, aber er wurde leider weggeholt. Ein „Deandl" erschien mit blumengesticktem Röckchen und goldverschnürtem, grünen Mieder. Als ich es erblickte, erinnerte ich mich eines fernen, farbenfreudigen Volksstammes – und sie, das Tarrola Landeskind, sagte zum Direktor: Pod domů, Jindřich! Je mi dlouhá chvíle! –

Er antwortete in derselben Sprache, wandte sich jedoch dann sogleich deutsch zu uns: Meine Frau und erste Liebhaberin! – Eine geborene Pragerin! setzte er nicht ohne Stolz hinzu.

Sie sprach ein vorzügliches Deutsch; einige freundliche Worte wurden gewechselt, dann erklärte der Direktor, zur Probe aufbrechen zu müssen. Zudem, sagte er, heißt es früher noch rasch das Stück umarbeiten! – Man hat immer viel zu tun! – Mein Herr, wandte er sich sodann eindringlich an mich, wenn ich Sie mit einer kleinen Bitte belästigen dürfte?

Sprechen Sie, Herr Direktor!

Wenn – wenn Sie halt gelegentlich einmal in einer Zeitung eine Notiz bringen, Sie tun mir einen großen Gefallen. Wissen Sie, „Heimatskunst", „bodenständige Heimatskunst", das ist jetzt so eine recht gute Empfehlung. „Wurzelächt" hab' ich auch einmal gelesen! – Verzeihen Sie, Herr – Herr Doktor, Sie verstehen das ja besser als ich, ich weiß schon! Die Hochsaison ist da, wir haben bereits einundzwanzig tote Touristen, da ist eine kleine Empfehlung für meine Truppe sehr viel wert.

Verlassen Sie sich! Herzlich gerne!

Mit einem Händedruck schied ich von dem Künstlerpaare. Grüß Good! sagte das „Deandl" beim Fortgehen.

Aber ich als ein höflicher Mann entgegnete still, doch innig: Pochválen bud' Ježíš Kristus! Dobrý večer! – –

– – –

Am Abend sah ich sie spielen.

Der Direktor gab den „Buam", seine Frau das „Deandl". Ihre Kostüme erinnerten mich an Amazonenpapageien. Einige Darsteller zeigten durch ihre tadellose Haartracht dem Wissenden sogleich an, daß sie außer der Bühne tüchtige Barbiergehilfen waren. Die Weiber, alle lege artis gepudert, geschminkt und frisiert, konnten, wenn schon Hotelzimmermädchen darunter waren, doch nur aus Häusern ersten Ranges sein.

Mir gegenüber saßen zwei Herren in ähnlichen Trachten, wie man sie auf der Bühne zu sehen bekam. Ihre schwammigen Gesichter waren mit Schmissen bedeckt, niemand konnte sie verkennen. Mit gespannter Aufmerksamkeit verfolgten sie die Vorgänge auf der Bühne.

Als der Dorftrottel auftrat, sagte der eine sehr bald: Det erkennt man sogleich, – is keene lebenswahre Fijur nich!

Man versteht ooch gar nich, was er nu redet, weil er zu stark übertreibt! entgegnete der andere.

Tja! meinte der erste, indes die annern janz vorzüglich zu verstehen sind, trotzdem sie die Landessprache jebrauchen! Vielleicht is der Kerl gar keen Einjeborener nich!

Diesen unangenehmen Eindruck hatten sie aber wohl bald überwunden, denn als der Akt mit Tanz, Zithernspiel und Juchaz'n abschloß, klatschten sie unaufhörlich Beifall. Der zuerst zur Ruhe kam, sagte: Is 'ne eijene Sache, 'n Volk in seiner janzen Ursprünglichkeit und unjlaublichen Naivität studieren zu können; es hat 'nen jewissen Reiz!

Ich sah ihn an und dachte mir genau dasselbe.

Eine alltägliche Geschichte.

Gib Owacht, Maridl, sagte die Mutter. I hob' 's an den Holzstoß vur dein Fenschta g'segn, dö Nocht wor scho' wieda oana bei dir! Gib Owacht! 's erschte Kchind ischt da g'sturb'n; a so glickschlach geht's nöt a jed'smol aus!

I gib eh[1)] Owacht, entgegnete Maridl. Doch nach kurzer Zeit kam sie zur Mutter und sagte: As hod Fei'r g'fong'n bei mir!

Beide jammerten.

Maridl füllte drei große Flaschen mit verrosteten Eisennägeln, goß Wasser darüber und ließ es in der Sonne wochenlang destillieren. Alle drei Flaschen trank sie an einem einzigen Tage leer. Darnach aß sie mehrere Hände voll Eibenbaumbeeren, und dazu betete sie den Rosenkranz. Doch alles war umsonst. Nun blieb nur noch ein Mittel: das Verschnüren. Es ist landesüblich. Maridl verstand es ausgezeichnet. Niemand merkte ihr etwas an, weder der Vater noch die Brüder. Nur ihre Mutter wußte es.

Eines Morgens kam Maridl etwas später aus ihrer Kammer. Die Mutter warf ihr einen Blick zu; Maridl war sehr bleich. Sie nahm die Dirn bei der Hand, zog sie in eine Ecke und sagte: Wo hascht es hi'to'?

In d' mittlare Lod' zo dö Sunntogskchloada, entgegnete die Gefragte ruhig.

Lebt's no'?

Naa – !

---

1) ohnedies.

Bei den Sonntagskleidern lag es. Das war Pietät. Vorher hatte sie ihm höchstens eine Minute lang die Kehle mit einem Schürzenbande zusammengeschnürt; da war es aus gewesen. Nennt man das einen Mord? Nein. Ein solches Dingelchen hat keinen Begriff von seiner Existenz, kennt keine Todesangst. Es ist dasselbe, wie wenn man eine Fliege mit der Klappe zerquetscht. In dieser Sekunde atmet es, in der nächsten nicht mehr, das ist alles. –

Nach getaner Arbeit ging Maridl in die Kirche und nach der Kirche aufs Feld.

Abends nahm sie das etwas blutige Päckchen aus der mittleren Lade. Es war in ein zerrissenes Hemd eingewickelt. Sie umhüllte es noch mit einer blauen Schürze. Der Vater sah sie aus dem Hause gehen.

Wo gehscht hi'?

Zon Schneida.

Wos hascht do drei'[1] in den Virta' – ?[2]

A Jupp'n fir'n Sunntoch.

Wos tuast denn eppa damit?

Richt'n muaß a ma s', wä' a ma s' vaschnidd'n hod. –

Nach einiger Zeit kam sie ohne das blaue Bündel zurück. Am Heimweg sah sie beim Krämer ein Paar

---

1) drinnen.
2) eigentlich „Vortuch", Schürze.

schwarz-roter Strümpfe, die ihr ungemein gefielen. Sie erstand sie nach langem Feilschen. Für den nächsten Sonntag war nämlich Tanzabend angesagt. –

Beim nächsten Wegkreuze verrichtete sie noch ein langes Gebet und ging dann nach Hause.

Daheim zeigte sie der Mutter die Strümpfe. Diese lobte die Ware, den Preis und das Kauftalent Maridls.

Darnach sagte sie: – – nau – – – und?

's schwimmt am Inn owi, entgegnete das Mädchen in seiner ruhigen Art.

Nau – – und – ? sagte die Alte wieder. Maridl verstand sogleich. I hob' ihr scho' dankcht, da Himmü'muatta, murmelte sie. – –

Diese Geschichte ist im wesentlichen alltäglich. Sie könnte ebensogut in Paris oder Neuyork geschehen sein. Im besonderen erweist sie sich als tarrolisch durch die unerschütterliche Besonnenheit des Handelns, die aus ihr spricht, und durch den Dank der Geretteten.

Hier gehen Stärke und Demut Hand in Hand.

Schädeltypen und Anderes.

Dem Anthropologen wie dem Ethnographen geben die Tarrola viele Fragen zu lösen. Man trifft in ein und demselben Fleck die verschiedensten Rassencharaktere, was auf reichliche Blutmischung hindeutet. Daraus erklärt sich auch die hohe Kultur dieses Volkes. – Häufig sieht man den dolichocephalen Typus. Der Langschädel ist durch waschblaue Augen, semmelblondes Haar und bedeutende Körpergröße ausgezeichnet. Man beachte das Bild! Der Blick verrät Sanftmut, das tief in die Stirnfläche vordringende Haar weist auf Ergebung und Frömmigkeit hin.

Die Hände reichen bei diesem Typus meist weit unter die Kniee. Daraus könnte man auf die Blutverwandtschaft mit gewissen afrikanischen Urvölkern schließen, doch sprechen die anderen Merkmale wieder für

einen Zusammenhang mit der dolichocephalen Rasse, der Skandinavier, Finnen und auch die ursprünglichen Russen angehören. – Ganz anders als dieser Typus ist die brachicephale, die kurzköpfige Rasse oder schlechthin der „Dickschädel". Das Bild zeigt uns einen untersetzt gebauten Mann.

Der kräftige Nacken, das borstige dunkle Haar und der

lebhafte Blick sprechen für Energie und einen eisernen Willen. Jeder steinerne Bierkrug wird in der Hand eines solchen Mannes zur tödlichen Waffe; während seine Linke vielleicht noch die Perlen des Rosenkranzes umschließt, gleitet die kampflustige Rechte schon zum seitwärtigen Hosensack hin, in dem das lange Dolchmesser steckt.

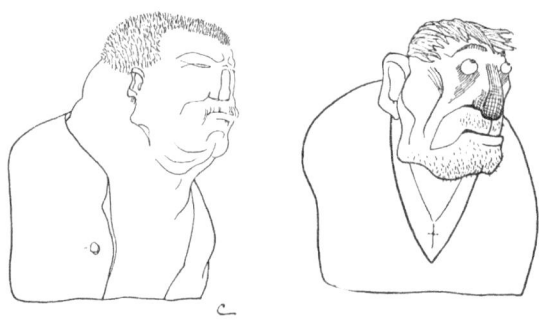

Nun gar die Rhodocephalen! Ihr Haar ist straff und brennrot, sie sind mager und bleich, mit stechendem, unwirschem Blicke. Es ist dies der Blick des religiösen Schwärmers, der nach Protestantenblut lechzt und nach der siebenten Maß und dem sechsten „Viertele" visionäre Erscheinungen himmlischer Gestalten bekommt oder der den Teufel durch Verschlucken von warmem Kuhmist aus seiner Seele vertreibt. –

Nicht minder interessant ist der ungemein häufige Typus, den uns der Bärtige auf dem folgenden Bilde darstellt. „Schweinsäugelein" würde man dies in der Vulgärsprache nennen, für die Wissenschaft sei der Name „Syopie" vorgeschlagen.

Über die Stirne dieses vertrackten Antlitzes laufen Falten als Kennzeichen nicht selten auftretender Gedanken, ein höchst „verzwicktes" Lächeln ruft allüberall weitere sonderbare Faltenbildungen hervor, hinter denen die kleinen, listigen Tieräugelein fast völlig verschwinden. Ein solcher Mann sagt „Grüaß Gauoood" und pflegt dabei zu denken „Henkch di' auf, du Stoa-Esel, du damischer" und wenn er sich mit „Pfiat Gauoood" verabschiedet, so bedeutet dies bei ihm „Geh' zan Teifi, g'scheerta Stodfrackch"; er ist mit einem Wort der Repräsentant jener herzerwärmenden Eigenschaften, die man im Lande allgemein als „Gemiadlachkcheit" und „Ehrlachkcheit" bezeichnet.

Hütet euch vor den Gezeichneten, vor den mit Schweinsäugelein Gezeichneten – denn sie sind „ehrlich". – –

Vielleicht ist Mongolenblut in diesen Leuten? Sine ira et studio sei dies als ein wissenschaftliches Problem hingestellt. –

Selbst Beziehungen zu den nordamerikanischen Ureinwohnern drängen sich einem auf. Man vergleiche die beiden folgenden Darstellungen!

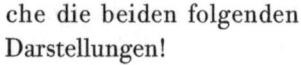

Auf der einen Seite sehen wir den Apachenhäuptling „Intschu-tschuna", zu deutsch „die feurige Schnapsflasche", mit Kopfschmuck, Halskette, Ohrringen und Friedenspfeife. Ihm gegenüber ist abgebildet Jobst Schießling, Ökonom aus Intzing. Er trägt um den Hals ein Amulet und im linken Ohr ein sog. „Ohrflinserl", das gegen Krankheit und böse Geister schützt. Zur Sonntagspfeife nimmt er den Sonntags-„gamschbort", d. i. ein Kopfschmuck aus langen Sauborsten, mit dem jeder eingeborene wehrhafte Mann sein Schönheitsbedürfnis vollauf befriedigt. Die Ähnlichkeit der beiden

rassigen Edelmenschen ist groß. Mit den Erfahrungen eines Karl May könnte man noch mehr darüber reden. –

Die Tarrola bieten daher dem Blicke und der Forschung des Gelehrten sehr viel Interessantes. Freilich sind nicht alle Probleme lösbar!

Ich wandte mich an einen gebildeten Tarrola mit der Frage: Woher, glauben Sie, stammt Ihr Volk? Dö Tarrola, antwortete er bestimmt, dö Tarrola stamman iwerhaupt nöt o'! Mia Tarrola san ebn Tarrola! Dös ischt nia andascht g'wen[1]) und wird nia andascht sei'! Varschtandn? – –

Seitdem forsche ich nicht mehr. Es gibt auch in der Völkergeschichte Axiome.

---

1) anders gewesen.

Rassenfragen.

Ich habe schon viele Bilder des berühmten tarrolischen Malers Defreegaa gesehen. Sie scheinen alle ein heute gänzlich ausgestorbenes Volk darzustellen, das einstmals da lebte, wo die jetzigen Tarrola hausen. Damals muß natürlich auch der besagte Maler Defreegaa gelebt haben. Der Menschenschlag, den er darstellte, lauter

Jetzt   Einst

ideale Gestalten, ist seither vollkommen verschwunden und gehörte zweifellos einer ganz anderen Völkerfamilie an als die heutigen Tarrola. Man kann es aus den besagten Bildern mit Sicherheit feststellen, daß es zu jener Zeit in Tarrol gar keine Bauern und überhaupt keine Leute gab, die etwas arbeiteten. Daher haben seine Frauengestalten – pardon! – Damen – alle zarte, weiße und kleine Hände, die weder von der Kälte gerötet noch von irgend einer Arbeit derb und rauh geworden sind.

Ihre Gesichter zeigen die glatte, ebenmäßige Schönheit kostspieliger Wachsmodelle, wie man sie in feinen Barbierstuben findet, und auch die Männer sind – selbst wenn sie in den Krieg ziehen – proper gekleidet und adrett frisiert. Kein Zweifel: das waren Gentlemen, die sich beim „Tailleur" und Friseur sauber herrichten ließen, ehe sie für das Vaterland starben.

In diesem Volke Defreegaas gab es, nach den hunderten und aberhunderten Bildern zu schließen, weder mißgestaltete noch unschöne Gesichter, weder bei den

Jetzt   Einst

jungen noch auch den allerältesten Leuten. Ein seltsames Geschlecht! Wohin mag es gekommen sein? Zum Vergleiche folgen Typen dieser völlig ausgestorbenen Defreegaa-Rasse nach Bildern des Meisters, daneben sieht man die Vertreter des jetzt lebenden Geschlechts nach der Natur gezeichnet.

„Ach, es ist dahin, es ist entschwunden,
  Dieses hochbegünstigte Geschlecht – – "

bei dem fast nichts anderes vorfiel, als daß sich „Buam" und „Menscha" heiter zulächelten.

Aus demselben auserlesenen und jetzt leider längst dahingegangenen Geschlechte stammte zweifellos H. Ueberbachers „Tarrolerin". Unter den heutigen Verhältnissen würde man sagen: das ist eine feine, sorgsam geschnürte Stadtdame, die einen Bauernkostümball besuchen will.

– Vielleicht hat unser interessanter Maler nur die Mitglieder einer einzigen, äußerst ausgebreiteten Verwandtschaft gemalt?

So macht es doch wohl auch der gleichfalls aus Tarrol stammende Maler Blaas mit seinen „Venezianerinnen", wobei er aber bisher höchstens zwei Modelle für ein paar hundert Frauenköpfe hatte, und diese zwei Modelle stammten nicht aus Venedig. Allein Defreegaa ist ein „ehrlacha Tarrola". Selbst die hundertköpfige Verwandtschaft würde das Problem des ausgestorbenen Geschlechtes nicht lösen, sondern nur etwas einengen.

Darum wäre es von wissenschaftlichem Werte, festzustellen, wann Defreegaa gelebt.

Jedenfalls ist es schon sehr, sehr lange her.

Die Heidenbekehrung von Brunäckkchch.

Gleich im voraus sei es bemerkt: daß die Tarrola getreue Anhänger des Papsttums sind, ist richtig. Wer das nicht weiß, müßte es aus ihren Chorgebeten hören, indem sie also sprechen: „Lost uns bät'n fir insern Popscht, fir insern Bischof Johannes und fir insern Kaisa – – –".

Diese Rangordnung vom „Popscht" über den Bischof zum „Kaisa" wird jedesmal strenge eingehalten, hat aber sicherlich keine besondere Bedeutung.

Was man über die Unduldsamkeit der Leute redet, ist hingegen fast immer Erfindung oder gar Verleumdung.

Protestantenverbrennungen kommen in dem Lande überhaupt nicht mehr vor!

Und wenn ein findiger Journalist schreibt, die letzte Ketzerverbrennung soll im Jahre 1882 vorgekommen sein, so wird jeder Einsichtige sofort verstehen, was dieses „soll" bedeutet!

Auch aus der folgenden Geschichte spricht keine eigentliche Unduldsamkeit. Man lese sie aufmerksam durch und wird die stille Größe felsenfester Überzeugung daraus verstehen lernen. – Ein Heide sollte bekehrt werden. Freilich ward dem frommen, gründlich betriebenen Werke kein ganzer Erfolg zuteil. Aber man darf die Dinge nicht nach ihrem Ausgange beurteilen.

Die gute Absicht entscheidet über den Wert einer Handlung.

Franz Schmecker hieß der Mann, dem die gute Absicht galt. Er kam als Landesfremder nach Brunäckkchch und war ein friedlicher Deutscher und Bahnbeamter. Im Anfang kümmerte er sich um niemand, und wenn er keinen Dienst hatte, fuhr er aus Brunäckkchch weg, weil er Junggeselle war. – Er meinte, so weiter leben zu können. Doch er vergaß, daß er im „hailachn Lond Tarrol" wohnte. Die Tarrola kümmerten sich sehr bald um ihn, weil er ein Fremder war und darum ihr Mißtrauen erweckte.

Und eines Tages begann der „Pforra" der „Gmoa" in der „Kerchch" folgendes zu sagen: Liabe Kchrischten! Das Efangölium, welchas gelesn wirt am dritn Suntoch noch hölichan Draikenich lautet – nehmt enk vor den Franz Schmeckkcher in Acht! daß i necht drauf vergiß! Er ischt Bohnbiamta und koa Kchrischt necht! Weil a die gonzen vier Wochn, dä wos a do ischt bei ins, noch nia necht in da Kerchch'n g'wen ischt! Ech muß also fragén: Wauooo fohrt er hi'? Wauooos mocht er durt, wauooo a hi'fohrt? Treibét a Unzucht? Warum bleibt a donn necht in Brunäckkchch? Und warum kemmt er nia necht in dä hailache Kerche? Wä' a koa' Kchrischt necht ischt! Und darum, kchrischtlache Mitbrida, weiset in furt aus airer Nähe! Wer ain guda Kchrischt ischt, der gewehret ihm koa Obdach nöt in seinem Hause, der reichét ihm nöt Speise noch Trankch! Dann werdat ihr aire Söl rain erholten und er wirt die Mocht des Häan[1)]

erkenna müssén! Noo a mol sog' i enk: nehmet engare Söle in Ocht vor dem Franz Schmeckcher, der wo ein Haide ischt! – Und hiazt, kchrischtlache Mitbrida, fohr'n ma weida auf insan haidich'n Efangölium, welchas lautet: Du sollst deinen Nächchstn liebén wia dichch sölbst! – –

Franz Schmecker kam am Abend ahnungslos nach Brunäckchch zurück. Ein bekannter Europäer erzählte

---

1) Herrn.

ihm das Vorgefallene. Franz Schmecker meinte, es sei nichts daran, die Meinung der Leute kümmere ihn gar nicht. Er begriff noch immer nicht, wo er lebte. – Als er ins Wirtshaus kam, rannte der Wirt wütend zum Tische hin und schrie ihn furchtbar an: Daß d' außi kchemmst, haidnischer Teifi du! Fir di how i nix z'essn und z'trinkch'n!

Wer si' bei mia ansauffn wü', däa muaß enda[1)] in d' Kerchch'n gähn! Außi, du höllischer Satanas!

Schmecker ergriff die Flucht. Er wollte sich beim Krämer eine Wurst zum Nachtmahl kaufen, aber dieser hetzte seine drei Hunde auf ihn mit den Rufen: Pockchts 'n o', den vahextn, glosaugaten Zoddel!

Der Bäckerladen war seine letzte Hoffnung. Doch die Eigentümerin trat bei seiner Annäherung mit einem Weihwasserkessel heraus und schüttete ihm dessen Inhalt mit den Worten entgegen: Gehscht wekch! Mir bockch'n fir koane haidnischen Stodtfrackch nöt! – –

Hungrig mußte er nach Hause gehen. Auf der Straße vor seinem Quartier sah er seine Habe liegen. Reisekoffer, Kleider, Hüte und Stiefel bildeten einen einzigen Haufen. Als er in den Flur trat, stürmte ihm die ganze Familie entgegen: voran die Hausfrau mit einem Besen, ihr nach der Vater mit den vier Kindern, alle mit Hausgeräten bewaffnet, zum Schlusse kam der neunzigjährige Großvater, in den zitternden Händen die alte Flinte, die er einst in der Heldenzeit seines Volkes dem Vater aufs Schlachtfeld nachgetragen hatte. Franz Schmecker floh abermals. Er wurde traurig und mutlos. In einem Zimmer des Stationsgebäudes fand er Zuflucht. Mit leerem

---

1) früher.

Magen mußte er am nächsten Tage seinen Dienst verrichten. Ein mitleidiger Weichenwärter, gleichfalls ein Ausländer, steckte ihm ein Stückchen Brot zu, wobei er lispelte: Aber verraten Sie mich nicht! – Sein Vorstand, ein Tarrola, sagte mit ernster Miene: Es ischt mir just gor nöt racht, daß Sä dä fridlache Bevölkcharung gonz aune Grunt a sauoo schwär beleidich'n! –

Schmecker hungerte furchtbar. Er war ein gebildeter Mann und dachte an Canossa und Heinrich den Vierten, doch noch mehr an ein ausgiebiges Nachtmahl – und an

einige Maß Bier. Da beschloß er, ebenfalls hinzugehen – ins „Pforrhaus" nämlich. Und er ging hin und läutete an. Der „Pforra" sah ihn unten stehen und ließ ihn warten, vielleicht dachte er an Gregor den Siebenten. Aber es waren 27 Grad unter Null, darum konnte Franz Schmecker nicht so lange warten als weiland König Heinrich gewartet hatte. Er ging weg, um ins nächste Dorf zu wandern, wo er Eßwaren zu bekommen hoffte. Am Wege überfiel ihn ein Schneesturm, seine schwachen Kräfte verließen ihn; er stürzte zusammen und erfror. Allein das viele Wasser, das er getrunken hatte, weil man ihm Wein und Bier verweigert, wurde zu Eis und zersprengte seinen Bauch, so daß ihm die Gedärme heraustraten.

Es war greulich anzuschauen. Auch den Irrlehrer Arianus hat man mit ausgetretenen Gedärmen aufgefunden. Freilich war er kein Bahnbeamter gewesen. Allein die Ähnlichkeit der beiden Fälle ist trotzdem nicht zu verkennen, ja geradezu in die Augen springend.

Niemand weiß, was Franz Schmecker, der Bahnbeamte, im letzten Augenblicke gedacht hat. Aber er wäre sicherlich bekehrt geblieben, wenn er nicht hätte sterben müssen.

Daran war jedoch die große Kälte schuld. Es waren, wie früher bemerkt, 27 Grad unter Null. –

Ein Kanzelredner.

Zu den besten Predigern, die ich in Tarrol zu hören bekam, gehört zweifellos Amandus Daxenbichler. Er war stark fettleibig, hatte aber doch eine quecksilberne Lebendigkeit, wenn er von seinen eigenen Worten hingerissen wurde. In seinen Reden vermischte er die deutsche und tarrolarische Sprache zu einem sehr wohlklingenden, interessanten Idiom. Auch hatte er Schweißfüße und einen schlechtriechenden Atem, und das erhöhte die Gewalt seiner Worte, wenn man ihm nahe genug stand. Er war als Missionär in Afrika gewesen: Wie er selbst erzählte, ward er von den menschenfressenden Negern seines Missionsgebietes einmal gefangen und splitternackt ausgezogen worden, um verspeist zu werden. Aber im letzten Augenblicke ließen ihn die Kerle plötzlich stehen; warum, wußte er nicht zu sagen. Genau konnten das natürlich nur die Neger wissen, doch bleibt die Sache trotzdem wunderbar. Wir wollen seine Predigten hören.

Erste Predigt.
Gegen die Juden und Protestanten.
Kchrischtlache Brida!

Ech sage enk: Höret auf mich! Und wos werdat ihr her'n, wonn's auf mich höret? Engan[1)] Hirtn werdat ihr her'n,

---
1) Eueren.

der wos owacht gipt auf seine Schof'! Ech werde enk sagén: Alles Unhail auf dera Wölt kchemt von denen, die wos koane Kchrischtn nöt sain und die wos darum koa' Mohrál nöt hom! Owa iazt werdat ös zwoaralai frog'n! Wos ischt dös, dö Mohrál, werdat ös frog'n. Dö Mohrál werd i enk sog'n, dös ischt dös, wos koa' Hurerei und koa' Sauerei nöt ischt! Und iazt kchemt dö zweite Frog'! Wer san dö, dö wos koane, keine Kchrischtn necht sein und koa' Mohrál nöt hom? Drauf sog' sage i enk: dös san dö Juden und dö Proteschtanten oda Lutharischn! So, iazt wißts's ös!

Dö Judn, dös das sein also die, dö wos koa' Mohrál nöt hom und dazua vül Geld und dö wos die Zeitunga schrei'm[1]. Kchrischtlache Mitbrida und ihr, i woaß 's, ihr – ös seind etlache unter enk! – dö wos diese ölindichn Judenblatt'ln lesen tuan! Diese Judnblatt'ln, wo dö Unzucht gefeiert, da Diebstahl heilach[2] geholtn und d'r Betruch belobet wird! Ja, kchrischtlache Mitbrida, iazt frog i enk: Gipt as denn koa' kchrischtlache Presse nöt? Seids ös ihr so verblendet, ös Rammeln, ös damischen, daß ös moants, mia wan wärén nöt dasselbige imschtand wia dö Jud'n? – Schmach! Schande! – Leset die kchrischtlache Presse, do werts nocha seg'n[3] wos dös füa a ölendiche Bagaschi ischt, dö Judn, und da werts nocha koa Judenblattl mehr lesn, wonn's a Sauerei les'n wollts! – Audiatur et altera pars, dös hoaßt, holt's die Papp'n, jetzt kcheman mia zon redn, long gnua hobts g'redt, ös Jud'ng'sindel! Kchrischtlache Mitbrida und

---

1) schreiben.
2) heilig.
3) sehen.

Schóf, wann enk da Häa[1] also erleuchtet hod wia mi, nocha werdat ihr no' wos seg'n. As gipt no wos Ärgeres ols die Jud'n! As gipt no' was Ärgeres als – ols die Neger und Heidenvelkcha und das sein die Proteschtanten oder Lutharischen! Denn die Heiden glaubn an nix und dö Proteschtanten glaubn an gor nix, und das ischt no' schlechta! – Jammer über Jammer! Liawe Kchrischt'n! Höret eine Fabel, dös hoaßt eine G'schicht, dö wos nöt wohr – woa dafir sehr sche' und lehrraich ischt! – Mochts engare Löffeln auf! – As wor amol a Mo', der hod a zwoa – a zweistöckigs Haus g'hobt, und da ischt a her'gangen und hod den erscht'n Stockch zerstöret, ganz zerstöret! Nix ischt 'blib'n, gor nix, nur da zweite Stockch, der wos iazt gonz in da Luft henkt, und do drin muaß der orme Mo' iazt wohna! Wisset ihr, wer daß der narrische Mo' ischt? Dös ischt der Lutharische! Zerstöret hod er den erschten Stockch, die mündliche Iberlieferung, und iazt muaß a im zweitn wohna, dös ischt die Bibel. Kchrischtlache Mitbrida, i frog enk: Mechtats ös wohna in oan Haus, dös wo nur oan zweitn Stockch hod und gor koan erschtn Stockch? Jo, muaß i fragén, ischt a sauoo wos iwerhaupt mögli? Naa, dös ischt nöt mögli, dös ischt a Blödsinn! Sehet, kchrischtlache Mitbrida, und daran ischt da Lutharische, da Proteschtant schuld! Dös ischt koa' Kchrischtentum nöt mehr, dös ischt nua a zerfollane Hitt'n, und dö Proteschtanten sogn, dös wa' dö Bibel! Kchrischtlache Mitbrida, dös ischt a Blödsinn! Kehret enk ab von diesen, wölche glaubn, daß d'r Herrgott koan Popscht nöt braucht, wä' dös da Ketzér Martin Luther g'sogt hod! Wisset ihr, wer daß da Mar-

---
[1] Herr.

tin Luther wor? Diesa Mo', dä wos gor koa' Mo' nöt wor, sondern bloß a Mensch! O pfui!

Insa Häa[1)] hod uns in seiner Weisheit schwer gezüchtigt, und darum hod er die Sintflut auf uns owaregna lossen, und nocha hod'r dö Päst g'schickt, und wia oll's nix g'nuzt hod, hod er in Martin Luther erfunden, und

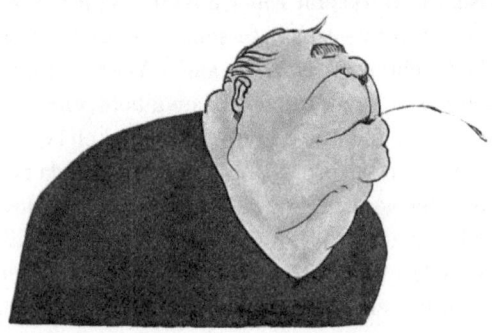

dös war dös Ollerirgste, wos insa Häa uns hod a'tuan kchena in saina gettlich'n Weisheit, und darum müssén wir uns von diesem Martin Luther abwenden mit Abscheu, mit Verachtung, wä' a no schlechta ischt ols olle Haid'n und Jud'n mitanonda schlecht san – sein, wä a sich ausg'schlossn hod aus da Rölichion der allgemeinen Menschenliebe, an die wir glaubén jetzt und immerdar – – Amen! Amen! – – –

– – –

---

1) unser Herr.

Das Volk war nach dieser Predigt ergriffen, und noch vor den Kirchentüren roch es nach Buttersäure. Ich hörte zwei schlichte Bauern am Kirchenplatz nachher darüber sprechen.

Du! –

Jauooo! – –

Herscht du! –

Jauooo, i! – –

Woaßt Du, wos dös eigentli' san, dö Lutharischn?

Jauooo, dös woaß i!

Hm? – – – –

Dös, dös san dö, dö wo eanare Geistlinga vaheirat' san, daß mit eana aiganan Frau olle Toch Unzucht trei'm kchenna.

Jauooo – owa – ho'm dö koane – koa – Pforrakech –

Naaa – – ! – – Dös – – dös – – – hom s' nöt – – na – –

Jauooo – – nocha – – freili – – dös ischt org! – –

– – –

Zweite Predigt.
Über die Wissenschaft.
Kchrischtlache Brida!

– – Ös hobt's hiazt das Efangölium k'hert und hiazt wert's ös mi her'n! Und i will enk a Wurt sog'n iwer diese Welt, wölche meinet, ma brauchet nimma z'hern auf die hailache Kirche und ihre Diener. Wenn alschdann diese ölendiche Wölt nimmer her'n will auf uns, auf wem soll denn nocha ocht gebn werdn? Natirlach auf die Proteschtanten und d'Juden und auf dö Lait, dö wo Biach'ln schrei'm. Diese Lait, dö wo Biach'ln schrei'm, dö hoaßt ma dö

Wissenschaft! Iwa dö wolln ma heit red'n, wä' ma iwa di Juden und Lutharischen schon g'redt hom. Oh kchrischtlache Mitbrida! Die Zeit ischt org und wird imma irger![1] Dö Wissenschaft, dö sogt, ma' soll nix glauben ols dös, wos ma gonz g'nau woaß. I werd enk beweisen, daß dös folsch ischt. Ein sehr weiser Mo' hot amol g'sogt: Ech weiß – woaß nur, daß i nix woaß! So, da habt's ös! Alschdann, mia wissn nix, und wä' ma nix fir wohr holt'n soll, wos ma nöt woaß, so muaß ma alschdann glaubn, daß ollas auf dera Wölt a Lug' ischt! Kchrischtlache Brida, soweit kchemt da Mensch, wonn a Biachln lest und schreibt! In diesa Wissenschoft wird behauptat, daß d'r Mensch vom Off'n o'stommt! Ischt sowos a haidnische Greuel oda nöt? Owa sö wolln's fei' moch'n und sogn drum: Freili, so schnöll ischt dös nöt gongan. Ma muaß si vurstell'n, daß den Urururgroßvoda sei Urururgroßvoda an Off wor und hernoch san longsom Menschen draus wurn[2]. Ah, da hört si ollas auf! Mechtats ös dös zuagebn, daß enka Urgroßvoda a so holbscheid[3] an Off' und holbscheid a Mensch g'wen ischt? Kchrischtlache Brida! Schaugt's mi o! Kchennt's ös enk vurstell'n, daß i von an Off'n o'stomm'? – Kennt's ös enk vurstelln, frog' i, daß z'meintwegen enka Ur-ur-ur-ur-ur-urgroßvoda wiara Eichkatzl auf die Bama[4] umg'sprunga ischt ohne Huad und Hemad und ledi[5] va' Nußkern und Quittenäpfel g'lebt hod?

---

1) ärger.
2) geworden.
3) zur Hälfte.
4) Bäume.
5) lediglich, nur.

Dös solln mir glaubn? Jo! muaß i sogn, wonn ma dös glaubatn, nocha wärén – wan' ma wirkchlach Offn! – Dös hoaßt ma Wissenschaft! – Woher daß d'r Mensch stommt, Gott sei dank, dös – dös wiss'ma! Und woher wissén wir dös? Wä' da Popacht in Ram unföhlbor ischt, und wia der sogt, daß g'schegn ischt, a so ischt's

g'scheg'n! Und da unföhlbore Popscht in Ram, dea gibt owacht auf insern Hean, daß eam koa' Irrtum nöt g'schicht, und da unföhlbore Popscht hod uns g'sogt, daß dös ollas Ketzereien san und damit ischt fir uns bewiesén, wer daß racht hod!

Und etlache Ketzer san wieda, dö sog'n, na dös hod nia niemond vo' uns g'sogt, daß d'r Mensch von Off'n o'stommt, dös ischt nöt wohr! – Secht's[1] a so san s'!

---

[1] Seht ihr.

Oamol sog'n s' a so und nocha wieda aso, daß ma nocha
– wiara[1]) großa griechischa Dicht'r g'sogt hod – zu eana
nöt sog'n ko', sö hättn a so oda a so g'sogt! Und dös ischt
no a greßare Gemeinheit, denn wonn ma oamol mit an
Off'n o'g'fangt hod, nocha muaß ma' a dabei bleibn,
wann ma' an Karakchta hod!

An andrer Ketzer ischt amol g'wesn, der hot g'sogt,
es draht si die Erden um dö Sun' und nöt um'kehrt. Na,
nöt wohr ischt's, hod da Popscht wieda g'sogt und hod
den Mo' ins Loch g'schtekcht! Guad wor'sch und racht
hod er g'hobt, d'r Popscht! Und vur etlache finf Johr
hod an andra Popscht g'sogt: Guad, hiazt gib i 's zua, es
ischt koa Ketzerei mehr – dö Erden draht si um dö Sun',
i dalaub's[2]) – und va' den Toch o' hod si die Erden wirklach um die Sun' draht, va' den Toch o', wo's d'r Popscht
g'sogt hod! Kchristlache Mitbrida, gibt as no an herr-
lichan Beweis fir die Unföhlbarkeit des Popschtes und
die ewiche Wohrheit seiner Worte alsch diesas Beispiel?

Owa die Ketzer und Gotteslaugner san von Teifl
vahext und wolln nöt von eanare Lugn o'lossn!

Owa freili'! Lesn und schrei'm muaß d'r Mensch
hait lerna, daß a nocha die sindichen Biacheln les'n oda
gor sölwa a so a Zaich schrei'm ko'! Jo, zu wos wa denn
dös? I frog enk: Ham Adam und Eva les'n und schrei'm
kchenna? Nix ham s' kchenna, und do wor'n s' glickchsöli' im Paradies! Owa ös mechtats les'n und schrei'm
lerna und enkare Kinda in d' Schul schickchn und do'
guade Kchrischtn sei'? Kchrischtlache Mitbrida, i sog

---

1) wie ein.
2) ich erlaube es! (Bekanntlich wurde Galilei's Lehre vor einigen
Jahren durch Papst Leo XIII. vom Index abgesetzt.)

enk, mit'n les'n und schrei'm kchemt die Söl dem Teifel ima näha und nochara[1], bis daß don oana gor o'fongt in dö Biacheln zan les'n, wo steht, daß der Mensch vom Offn o'stommt! – –

Betn muaß da Mensch, urdantlach betn und auf insere Worte hörén, nocha, ja nocha bleibet seine Söl' rein und er ko' glickchsöli' wer'n!

Nocha ko' eam die haidnische Wissenschoft nix o'hom und wonn eahm donn so oana kchemt, der wo's beweisn wü', daß d'r Popscht nua a so wos 'zomredat und daß d'r Mensch vom Offn o'stommt, nocha, ja nocha ischt der guade Kchrischt gewappnét gegen a so a Gemeinheit und wirt dem Mo' sogn: Daß d' schnöll weida kchemst! Durt hot da Zimmamo' 's Loch g'mocht! – Amen! – Amen! –

– – –

Dritte Predigt.
Gegen die moderne Jugend und ihre Unterhaltungen.
Kchrischtlache Brida!

Wir habén hait vo' oana Hailichn g'hert, die wos jung wor und do si' gonz vo' dera Wölt o'gwent hod. In oana Höhln hod's g'lebt und hod ihre Zeit mit Betn und Fostn vabrocht, und darum ischt sie söli und a Hailache wur'n obendrei'! Hiazt frój i enk: Wia lebét dagegen die haidiche Jugend? Find't ma do no oan oda oane, dö wos in oane Höhln leb'n und die Zeit mit Betn und Fostn vabringa toan? Na, dös ko' ma nimma fint'n! Auf dö hai-

---
1) näher.

lache Kirche vergess'n s' foscht gonz, owa dafir hom s' eanare Unterholtunga, – Unterholtunga, daß dem rachtschoffnen Kchrischtenmenschen d' Hoor zu Berch steign müaßn! Oda nöt? Schporrrt! Schporrrt! Jauooo, an dös denken s', owa nöt mehr an's Heul vo' eanare jungen Söln! Hobt's as nöt g'segn, bevur s' in dä Kirchn kchema seids, dö Lackchln, Buam und Menscha, wia s' außi ziagn auf dö Berch und Földa mit eanare Schliddn und Schneeschuach anstatt daß einakchemat'n[1] zo da hailachan Predicht? Dös ischt xund firn Körper, sogen s'! Jauooo, owa mir wissen 's scho bessa, warum daß dös ollas g'schiacht!

Schaugts ös nua oamol o', wias ob'n sitzn auf eanare Schlidd'n, imma zua zwait, a Weiwel und a Mandl! Nocha fohrn s' owa mitanonda und schmaißn um, und er follt auf sie, oda sie follt auf eahm, und dazua lochn s' und toan sie o'druckchn, bevur daß s' aufsteh', und dös hoaßt nocha Schporrrt, owa in Wohrhait ischt's a Hurerei, daß d'r Taifi sei' Freid hot! Oda 's Weibsbüld mit gonz kchurze Reckch[2], daß ma dö Wadeln siacht, follt um auf dö Schneeschuach oder auf sein Schlidd'n und bleibt steckchn im Schnee und reckchet hernoch den Hintern in die Heh, daß s' die Monna o'lockcht – – Oh kchrischtlache Mitbrida, wenn i so wos x'eg'n hob, do hob' i imma gonz g'nau hi'g'schaut und hob dann seg'n müaßn, wiara so a Kchlachl[3] herkchema ischt und dös schamlose Weibsbild mit sein Hinterrn longsom außaklaubt[4] hod und o'druckcht, daß a Schond' wor und i – –

---

1) hereinkämen.
2) Röcke.
3) Ungeschlachter Kerl
4) herausgesucht.

i – – – – in mia – – – – i – – – i – – – – mia ischt urdantlach schlacht wurn vor oana solchanen Schamlosi'keit!

Ma woaß, ma siacht's, warum daß dö Weiba dös Schlittenfohrn trei'm! Daß s' dö Monnsleit begehrlach mochn und zur Sinte bringn und zur Fleischeslust mit eanan G'schau und eanare kchurzn Reckch' und mit den Hi'folln, wo s' nua wort'n, daß aufg'hobn und betaschtet wer'n an dö sinthoftn Auswüchse ihrer Oberflechche!

Und dö kchrischtlache Muatta stehét vielleicht dabei und wortet, biß daß ihre Tochta hi'follt und betaschtet und o'druckcht wirt an dö sinthoftn Auswüchse ihrer Oberflechche und locht dazua!

Jo, moanan diese schamlosen jungen Leit' vielleicht, daß sa si' mit eanan Rodeln und Schneeschuachlaufn dö ewiche Sölichkeit verdeanen kchena? Oh ihr Verblendeten! Ech sage enk: ös rodelts mit enkara Rodel nöt den Berg owi, nein! in die Höll' rodelt ihr aini! – – –

Owa no' nöt g'nua hom s' mit'n Rodeln und Schneeschuachlaufn! Af d'Nocht müaßen s' no tonzn geh', die ausg'schamtn Weibsbülta, und sä wiedo o'druck'chn loßn, und wonn s' racht nobliche san, aft[1]) kcheman s' glei holb nackchert am Bä'[2]) hi' und zoagn eanan gonzn Fleischvurot häa und scheangln[3]) hi' und hea, und dä kchrischtlache Muatta steht wieda dabei und hot no' ihr Freid dro', daß dö Tochta ihrn gonzn Fleischvurot häa zoagt und hi' und hea scheangelt! – –

Kchrischtlache Mitbrida – und diese Jugend wü' a no' hoffn auf dö ewiche Sölichkeit? Jo, muaß i denan sogn, hobts ös vielleicht scho' oamol g'hert, daß die hai-

---

1) dann.
2) Ball.
3) schielen.

lachen Frau'n und Menna aa a so g'rodelt und schneeschuachgschliffn wa'n wia ös? Na, meine Liab'n, mit'n Rodelschlittn und mit oan ausg'schnittnan Kchload, wo scho' mehr Ausschnid ischt als Kchload, kchemt ma nia nöt ins Himmelraich!

Owa ollas hod saine Grenzen!

Erinnerts enk nur, wia's am vurign Suntoch den oan owa g'schmissn hot vom Rodelschlittn, daß a auf da Stöll hi' g'wen ischt! Und erinnerts enk a, wia am letztn Ostersuntach zwoa solchane Durrischtn, dö wo auf dö Berch g'stieg'n san, statt daß auf eana Kchrischt'npflicht denkcht hättn, owag'folln san van dö Fölsn wia zwoa o'gschossene Gamschbeckch!

Dös ischt ein Fingerzeich des Himmels fir den, der wo no nöt gonz vom Teifi vafihrt ischt! –

Kchrischtlache Mitbrida! Ös hobts hiazt g'segn, wia d'r Mensch longsom, owa sicha sei' Sölnheul' valiert. Z'erscht lernt a les'n und schrei'm, nocha fongt 'r mit da Wissenschoft o' und vo da Wissenschoft weckch kchemt a ins Rodeln und Schneeschuachlaufn und nocha ischt a eh scho' in Teifi vafoll'n!

Kchrischtlache Jungfraun und Medchen und Jinglinge, laßt's enk sogn: da Schporrt, dös ischt koa Sint mehr, dös ischt scho' völli a Sauerei!

Kchrischtlache Öltan, mirkchts enk dös!

Fir insara Sölichkeit brauchn ma nua dö Kirchn und dö Gebeter und in Beichtvotta, owa koane Schneeschuach und Rodeln und ausg'schnittnen Kchloada! – Amen! –

– – –

Amandus hieß dieser Prediger, und das mit Recht. „In hoc signo vinces!"

– – –

Zwei Kirchen.

Man könnte versuchen, den Glauben der Tarrola als ein Spiegelbild ihres starren, ernsten und eisigen Berglandes hinzustellen. Eine solche Betrachtung wird nicht immer zutreffend sein; sowie dieser nordischen Gegend der Sommer nicht völlig fehlt, ebensowenig scheint dem ernsten Glauben ihrer Bewohner die Munterkeit und der befreiende Witz gänzlich zu mangeln.

In keinem Lande habe ich jemals an Kirchen solche Maueranschläge gefunden wie in Tarrol. In Innschbruckch beispielsweise[1] sah man einmal folgendes Plakat in der Nähe der Kirchentüre aufgeklebt:

CHRISTLICHER ARBEITERVERAIN.
Im Leosaale heute nachmitags
Glückstopf!
von 3–7 Uhr.
Viele Treffer! Komt Aale!

An anderen Kirchen war zur Faschingszeit im selben Orte ein großer Anschlag dieses Inhaltes zu lesen:

---

[1] 28. Februar 1908.

> Katholischer Arbeiter-Verein, Innsbruck.
> Sontag 1. März:
>
> *Faschingsuntrholtung!*
> Theater, Musig, Gesang etc. etc. etc.
> **im Leosale.**

In die Schlingen der Buchstaben F, T und G waren munter grinsende Fratzen eingezeichnet.

Ich könnte noch drei solche schöne Beispiele anführen, aber nicht alles darf gedruckt werden – was an Kirchen in Tarrol angeschlagen werden darf.

Ein Volk, das am Wege zur Kirche in einer Minute an Mummenschanz und Tanzmusik denkt und schon in der nächstfolgenden kreuzeschlagend und weihwasserspritzend gesammelt und andächtig vor seinen Gott hintritt, muß eine elastische Seele haben und am Grunde dieser Seele ist jedenfalls die wahre Religiosität zu finden. Gläubig und fröhlich, das ist das Rechte!

Im Griechischen nennt man so etwas auch βλασφημία, aber das kann man nicht ins Deutsche übersetzen.

Mit wahrem Abscheu hat es mich dagegen erfüllt, was ich hunderte Male in den Ländern der „Pölz" auf den Kirchen aufgestanzt fand.

Es waren einfach diese Worte:

„Si prega di non lordare la casa di Dio."

Man bittet, das Gotteshaus nicht zu beschmutzen! Und das muß diesem Volke erst gesagt werden!

In Tarrol ist dies unnötig.

Das Bad.

Ein weitgereister Arzt sagte mir einmal: Ich habe mehrere Jahre in einem Teile Chinas gelebt, in dem das Baden aus religiösen Gründen verboten war. Lange Zeit wirkte ich in Galizien und auch in Ungarn, wo ich nicht selten Zigeuner zu behandeln hatte; davon ließe sich mancherlei erzählen. Doch späterhin fügte es der Zufall, daß ich in Inschbruckch mit einer eingeborenen Volkssängerin Freundschaft schloß. Ich werde den Augenblick nie vergessen, als sie mir zum ersten Male den Anblick ihrer – unverhüllten Schönheit gönnte. Ich sagte ihr: Zieh' doch auch das graue Jägerhemd aus! – Aber sie hatte gar nichts mehr an. Sieben Monate lang lebte ich darnach in unbefleckter Keuschheit. – Ich segne und preise seitdem die Reinlichkeit der Chinesen, Galizianer und Zigeuner. – –

Natürlich will das, was jener Arzt erzählte, nichts sagen. Eine Volkssängerin ist kein honettes Frauenzimmer. Sie verkam aus Nachlässigkeit.

Wie es sonst mit dem Baden im „hailichn Lond Tarrol" steht, erfuhr ich sehr bald.

Wo Fremde hinkommen, gibt es sehr oft auch öffentliche Bäder.

Ich trat mit der Badedienerin in die Badestube.

Warum, fragte ich, ist hier eine große Wanne und noch eine ganz kleine, seichte Sitzwanne, die nicht einmal für ein Fußbad genügte?

Sie sah mich lange an.

Dö kloane ischt fir enk!

Für uns?

No jauoooo! Fir dö Monsbülda, zon Woschn!

– Ja! Hm – ach so! Und die große darf man nicht benutzen?

Dö ischt ebn nur fir dö Weiba, dä wos si olssa gonza bod'n waull'n[1], wä' dös bei manchane Fremdn a so in Brauch ischt!

Ja und baden die Tarrolarina niemals „olssa gonza"?

Wieder maß sie mich durchdringend und geringschätzig und zischte mich endlich an:

Dö anständiga nöt, wä' dä koane solchane Sauerein treim[2] toan, daß sa sä hernoch bodn brauchatn, moan' i!

Also baden bei euch nur die unanständigen Frauen? (Ich dachte an die Volkssängerin.)

Dö bodn a nöt, wä's' ebn Säu' san!

Tatsächlich soll es aber jetzt schon vorkommen, daß sich manche Tarrolarin zu einem Bade entschließt, wenn es ihr der Arzt verordnet. Rührend und schlicht ist dagegen die Geschichte der Margreit Tschurtschenthalerin. Diese war 85 Jahre in Ehren alt geworden, ohne sich jemals gebadet zu haben. Da bildete sich ein Gewächs in ihrem Bauche, das einen operativen Eingriff nötig machte. Vor der Operation wollte man sie natürlich waschen, weil man sonst durch die 85 Jahre alte Kruste nicht bis zur Leibeshaut gelangt wäre. Als sie vom Waschen hörte, sagte sie feierlich: Liewa schterm[3] ols so a Unzucht mitmochn! Bis zan Hols los' i mi' woschn, oba weida owi nöt!

---

1) — die sich ganz baden wollen.
2) treiben.
3) sterben.

Und sie starb ungewaschen und ungebadet. – In ihrer Gemeinde spricht man noch heute mit Andacht von dieser ehrwürdigen Greisin. Den heranwachsenden Jungfrauen gilt sie als Vorbild weiblicher Unbefleicktheit. Die Familie setzte ihr einen Grabstein, auf dem die folgenden Verse stehen:

„Hir ruwet si, die irer Söl durch Unzucht ni geschadet,
Hat darum auch sich nimals necht gebadet,
Jzt ischt si hin und get in Himmel ein,
Von Sinden frei und völli' rein."

So wurde durch ein einfaches Bauernweib das ethische Empfinden des Volkes gehoben.

Jetzt ist ihr Name schon beim Papste. Im nächsten Jahre soll sie heilig gesprochen werden.

Franz Xaver Oberlindober war dagegen ein Mann, der sich halb und halb über die strengen Grundsätze seines Volkes hinwegzusetzen vermochte. Ein Felsblock hatte ihm das rechte Bein zerschmettert. Es mußte amputiert werden. Er willigte ein, daß man es ihm soweit reinige, als unbedingt nötig war. Die Ärzte meißelten zuerst die dicksten Krusten mit kleinen Stahlmeißeln weg, dann begannen sie mit Bürsten und mit Seife. Franz Xaver Oberlindober ertrug es lange ohne einen Schmerzenslaut; nur einmal sagte er: 's ischt a höllasche G'schicht! wozu er jammervoll stöhnte. Als man zur Narkose schreiten wollte und ihm das erklärte, meinte er verwundert: Jaooo za wos wa' denn iazt dös, wo's ollerirgste – die vafluachte Woscharei – iwerstandn ischt? Zweg'n den Boa' oschneid'n bracht's mi nöt ei'zchlafern, ös Norr'n ös! Fongt's a' zon owafizzeln![1] Während man ihm das Bein wegsägte, rauchte er seine Pfeife und lächelte dazu.

Wäre ein Europäer dies imstande?

Auch die Barbara Mariggl werde ich nicht so bald vergessen. Sie war im Bade von * * * bedienstet, wo es ein Badezimmer erster und eines zweiter Klasse gab. Nie-

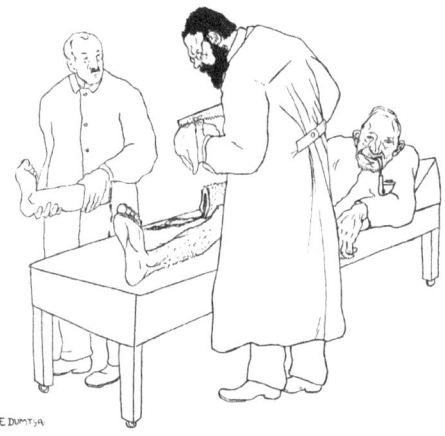

mals jedoch habe ich eines davon besetzt gefunden. Nur ein einziges Mal geschah es, daß ein Badegast in der ersten Klasse war. Ich staunte. Barbara kam sogleich zu mir und sagte ernst: Der do drinnat ischt, ischt a Fremda!

Sie war ein braves Mädchen, das keinen bösen Schein auf seine Landsleute fallen ließ.

Ein anderes Mal fand ich am Grunde der Wanne trübes Seifenwasser. Ich stellte es ihr aus. Nau, nau, erwi-

---

[1] herunterschneiden.

derte sie, dös wert Eana do nix moch'n! Dös ischt do' vo' Eana sölba, wia S' in da vurigen Woch'n do wor'n! –

Barbara Mariggl war schließlich auch jenes grundgütige Mädchen, das mir zum ersten Wannenbade eine Schwimmhose mitbrachte.

Jo, meinte ich erstaunt, wozu das? I bin do gonz alloani!

Alloani oda nöt alloani, entgegnete sie ernst. Nackchert bleibt nackchert! – Wonn S' Eana nöt schanir'n, mia ischt's racht. – –

Welch ein hohes sittliches Empfinden muß in diesem Volke sein!

Man schämt sich vor sich selbst Mann oder Weib zu sein.

Welch eine Kultur!

Der Held des Tages.

Tarrol hat auch seine großen Männer. Diese großen Männer sind nicht weniger groß, weil von ihnen nichts oder nur wenig in den Konversationslexicis der Europäer steht.

Hier soll von einem großen Manne erzählt werden, von dem sicherlich gar nichts im Lexikon zu finden ist.

Der „Olpnvarain" hatte eine Vollversammlung einberufen. Alle seine Mitglieder, „Durischtn" genannt, erschienen. Sie erschienen in bunten, prächtigen Kostümen, mit zerrissenen Lederhosen, bloßen und ungewaschenen Knieen und federgeschmückten Hüten. Man nennt derlei Kostüme, die nur von den Erfindern und niemand sonst getragen werden, auch „Volkstrachten".

Viele Frauen und Mädchen waren gleichfalls in solchen Volkstrachten anwesend. Die meisten dieser Damen hatten ihre Busen zu Hause vergessen, doch besaßen sie dafür sehr große Hände und Füße, untrügliche Kennzeichen ihrer kletternden Lebensweise.

Das ganze Wirtshaus war festlich ausgeschmückt – und zwar mit Kränzen aus papierenem Eichenlaub.

Im größten Zimmer stand eine lange Tafel, an der die Durischtn und die Durischtinnen Platz nahmen. Ein Sessel blieb leer. Er war mit drei mächtigen Makartbuketts geschmückt, darüber spannte sich ein Bogen aus Birkenrinde, auf dem die Worte standen: „Heil dem Bezwinger des Todenkirchls!"

Und dieser kam. Es wurde ganz still, als er eintrat, so daß der Tritt seiner ungeheueren, eisenbeschlagenen Bergschuhe das Echo aus den Zimmerecken hervorlockte. Ein interessanter Mann! Er ging langsam wie ein Tanzbär, die aufrechte Haltung und der ganz ebene Boden schienen ihm etwas Ungewohntes zu sein. Er war nämlich kein Durischt, sondern ein Hochdurischt! Über seine durchaus nicht breite Brust wanden sich zahlrei-

che Schlingen eines mächtigen Taues, das für ein Schiff lang genug gewesen wäre, um mitten im Stillen Ozean Anker zu werfen. Aus diesem Strickpanzer streckte sich ein kleiner Kopf hervor, auf dem ein schmieriger, zerfetzter und durchlöcherter Hut von unbeschreiblicher Farbe saß. Eine schwarze Schneebrille mit talergroßen Gläsern deutete die Stelle der Augen an. Die schmutzigen Tatzen hielten einen unheimlich langen Eispickel, auffallend dünne Beine, die von einer blutuntermischten Schmutzkruste bedeckt waren, verbanden die steife, kurze Lederhose mit den dicken borstigen Wadelstrümpfen. Der ganze Mann hatte etwas Gespenstisches an sich; bei den Bewegungen seiner eisenstarrenden Trittflächen fuhr es einem wie ein elektrischer Schlag durch alle Hühneraugen.

Nachdem er abgerüstet hatte, ließ er sich langsam zwischen die drei Makartbuketts nieder. Sein Blick war von einer müden Ergebung; manchmal fuhr er sich mit der Linken langsam durch die schweißverklebten Haare – entweder wegen des Schmutzes oder weil er einen Gedanken verspürte. So saß er da – stumm, aber groß. Endlich sprach er: Gebt's ma an Siifong! – – – Dieses Wort ging von Mund zu Mund: Wos sogt a? Wos hod a g'sogt? Wos wü' a?[1] – An Siifong! – – An Siifong! – – –

Damen und Herren eilten hinaus; in kurzer Zeit standen über zwei Dutzend Siphonflaschen vor dem „Bezwinger".

Feierlich erhob sich nun der Obmann. Er war sichtlich aufgeregt.

Meine Daman und Hean! Liawe Klubgenossen! begann er. Ös ischt heite ein großa Toch fir ins olle! Liawa Klubgenosse, du, du hoscht dä sängrachte Wond am Todnkchirchl bezwung'n! Liawa Schirrhackchl! du hoscht eine große Tod[2] begangen, wia ma sogt! Liawa Klubgenosse, mia olle hom 'glaubt, du wirscht di' dafoll'n und hi' sei', wia ma' g'hert hom, du wüllst auffi iwa[3] dö sängrachte Wond! Und wonn du hi' g'wesn wast, nocha wa's[4] scho' a große Ehr' und a großa Rumm

---

1) will er.
2) Tat.
3) über.
4) wäre es.

g'wesn fir di' und fir insan Klub, owa wä' du nöt hi' bischt, so ischt dö Ehr und da Rumm fir di und insan Klub no' gressa! Kchoana hod vur dia dö sängrachte Wond bezwung'n, ihra viera ran als a toda owag'folln, owa du bischt als a Löwendicha[1)] hoam kchema, wia ma' sagt! Du bischt da Erschte, wia ma' sogt, du hascht es damocht! Liawa Klubgenosse, mia hom b'schloss'n, daß dö Wond Kchilian Schirrhackchl-Wond hoaßn soll, und so wirscht du äwich furtleb'n, wia ma' sogt, wä' du dö sängrachte Wond bezwung'n hoscht – – und – – und in diesem Sinne sog' i: Kchilian Schirrhackchl, unsa liawa Klubgenosse, da Bezwinga vo' da sängrachtn Wond am Todnkirchl – er lewe hoch! hoch! hoch!

Hoch! Hoch! Heil! Heil! brach es mit stürmischem Jubel los.

Der Bezwinger der senkrechten Wand am Totenkirchl stand auf. Er wollte gleichfalls sprechen, aber es gelangen ihm nur wenige Worte, weil er zu sehr ermüdet war: Liewe Klubgenossen! I – i ko' enk nöt ollas sog'n wia's wor, es wor schrecklach, owa i – i hob's damocht! I – i wirr'[2)] ollas aufschreib'n wia's wor, mia lossen's druckch'n, hod da Obmo' xagt[3)] – – es wor mei' Lebensaufgob', hiazt how' i's damocht, hiazt ko' i ruhich schterm – –

Er wurde auf die Schultern gehoben und im Zimmer herumgetragen. Die Begeisterung war echt. Nach zwei Stunden gab es am ganzen Tische keinen nüchternen Menschen und kein nüchternes Mensch.

---

1) Lebender.
2) werde.
3) gesagt.

Selbst der Bezwinger hatte sein Teil. Nach der fünften Siphonflasche wußte er eilig seinen Platz verlassen.

Den Bericht über die Bezwingung fand man in der Tat wenige Tage darnach in einer europäischen Zeitung. Hier sein Anfang

*Vollständige Durchkletterung
der Westwand
des Totenkirchls am 12. September 1907,
durch Herrn Kilian Schirhackl!!!!*

(Bericht des heldenhaften Bezwingers.)

„Von der zweiten Terrasse durch Kamine an der westlichen Kante auf abschüssige Grasterrasse. Schluchtartigen Kamin hinab. Kamin hinauf. Riß. Drei Grasbüschel. Darüberhin, ein Grasbüschel in den Händen, zwei an den Schuhsohlen, freischwebend! Eingeklemmter Block, mit Traverse an schauerlicher Wand. Fünfzehn Mauerhaken aufwärts, sechs Pendeln abwärts – kein Zurück! Grifflos! Abschüssige brüchige Platte, nach außen offene Mulde – abwärts – ein dürrer Pflanzenstengel – Ein stumpfwinkeliger Riß, Einstieg, grasbewachsene Leiste, Draufstieg, schroffiger Fels, Abstieg – abgerundeter Riß – Umblick – zackiger Riß – zwei Gemsenhaare darinnen – einzige Stütze! Grifflos! Freischwebend! Schauerlich! – Abseilen, 70 Meter; Erdfleck, zwei ganz kleine Löcher zur Linken, an der Wand klebendes Vogelexkrement – nichts sonst! Freischwebend! Grifflos! Schauerlich! Scharf nach Süden, spitzwinkeliger Riß, wieder ein Gemsenhaar – Traverse – 21 Mauerhaken – um Plattenschwindel auf abwärts gebogener Platte zu 6 (sechs!) Quadratzentimeter breitem Felspostament, hinab bis dachartig hereinhängenden Überhang; Abhang, 77 Mauerhaken, letztes Gebet; Kamin hinab, Kamin hinauf, rißartigen Charakter annehmend, ungeheuere Klötze, wankend, wackelnd. – Schauerlich! – Grifflos! – – – etc. etc.

Zwei Spalten, bloß zwei Spalten gönnte die europäische Zeitung diesem plastischen, prächtigen Bericht dieses prächtigen Menschen.

Schauerlich! sagt man gleichfalls, wenn man das zu Ende gelesen hat.

Hart sind die Berge! Warum haben sie sich des Mannes nicht erbarmt. – Schauerlich!

Ja, Tarrol hat noch Helden, echte Helden! Männer, die ohne Sucht nach Sensation und Aufsehen ihre schlichten, zweckbewußten und großen Taten in aller Stille verrichten.

Dem Heidenkaiser Naboleong kann man keine Soldaten mehr todschießen, aber noch gibt es senkrechte Felswände genug in Tarrol, die auf ihre Bezwinger warten.

Ein Heldenvolk kann nicht ohne Heldentaten leben. – Und noch immer hat Kchilian Schirrhackchl kein Denkmal!

Ich wünsche ihm ein solches von Herzen, wo er dargestellt ist: an einer senkrechten Wand kletternd, in einer Hand ein Gemsenhaar, in der andern einen Grashalm haltend und unter einer Stiefelsohle einen dürren Vogelschmatz als einzigen Stützpunkt. Er wäre eines solchen Monumentes würdig, er und ganz Tarrol.

Allerlei Intimes.

Man stelle einmal einem Einheimischen auf der Straße unvermutet die Frage: Sie, lieber Mann, wo ist denn da der Weg nach Schwaz?

Der arme Mensch, den man solcherart überfällt, wird in den meisten Fällen fassungslos stehen bleiben, fürchterliche Gedankenfalten ziehen und dann nach einem verzweifelt klingenden „Jauooo, jauooo – – gelobt sai Jesus Kchrischtus" weitertraben.

Wir haben nämlich sein ganzes Denksystem durch die überstürzte Art der Fragestellung in Unordnung gebracht. Er hörte das landesfremde „Sie", hörte, daß er ein lieber Mann sei und dazu noch etwas von einem Weg und einen Ortsnamen. Das ist zuviel auf einmal.

Wer ordnungsgemäß fragt, wird auch eine verständige Antwort erhalten.

Und wie fragt man in Tarrol ordnungsgemäß? Indem man zunächst dem Entgegenkommenden den Weg vertritt. Dieser bleibt sodann ruhig stehen und wartet auf das, was kommen soll, weil er als kluger Kopf sofort begriffen hat: der will was von mir! Dann beginnt man – beginnt mit Maß und Ziel:

Sö – – – !
Jauoooo – – – i'?
Jauoooo! Sö!
Wooos soll i?
Sö soll'n ma sogn – – (Eine Pause machen!)
I soll Eana sogn – – woos denn eppa?

In Wäch!¹) – –

Ah – – an Wäch! Wos fir oan denn?

Den Wäch – nach Schwoz!

Daraufhin wird der Mann die ganze Sache verständigerweise zusammenfassen: Alschdann, Sö woll'n den Wäch nach Schwoz wissn? Und nun ist er in die richtige Stimmung zum Nachdenken gebracht. Noch einige Minuten Überlegung, und wir erhalten die entsprechende Auskunft oder wenigstens die Mitteilung, daß er uns keine Auskunft geben könne.

Die Leute denken langsam, aber sehr geordnet.

Ganz verfehlt wäre es, aus solchen Erscheinungen den Schluß zu ziehen, daß die Tarrola schwerfällig und langsam seien. Wer dies meint, kennt ihre Fröhlichkeit, kennt ihre Unterhaltungen nicht! Nirgends wird das Raufen als öffentliche Volksbelustigung so geschickt eingeleitet und durchgeführt wie in Tarrol. Es ist vorwiegend Abendunterhaltung, die nach dem Ave Maria beginnt. Das Verlöschen der Petroleumlampe, von geschickter Hand im richtigen Augenblicke besorgt, gibt das Zeichen zum Anfang des Kampfes. Dann beginnt man im Finstern aufeinanderloszudreschen, denn es handelt sich nicht um einen wüsten Parteienkampf, sondern nur um eine sportliche Kraftäußerung. Anfänger kämpfen noch mit Stuhlbeinen und Sitzlehnen, die Vorgeschrittenen bedienen sich hiezu der Wein- und Bierflaschen, aus denen sie über der Tischkante in geschickter Weise den Boden herausschlagen; die dadurch entstehende scharfe, zackige Bruchfläche erhöht den Wert dieser

---

1) Den Weg.

beliebten Waffe ganz bedeutend. Freilich hält das härteste Glas höchstens vier bis fünf Schädel aus.

Ein reizender Humor äußert sich auch im Augenausdrücken. Durch eine flinke Bewegung wird dem Gegner mit Hilfe des Daumens das Auge aus der Höhle herausgedrückt, was so gründlich geschieht, daß dem Dorfbader gewöhnlich nichts anderes zu tun bleibt, als den heraushängenden Fleischklumpen zu entfernen. Gewiß ein köstlicher Sport, den die Landesregierung merkwürdigerweise unmöglich zu machen suchte. Aber die Bemühungen waren nutzlos. Jedes Volk hat ein heiliges Recht auf seine ihm lieb gewordenen Gewohnheiten und Spiele.[1] –

Spricht nicht auch aus dem „Hoamwoas'n" eine überquellende Munterkeit? Wenn ein Liebhaber in einem fremden Dorf eine Geliebte besucht, wird ihm abends am Heimwege die Ehre des „Hoamwoasens" zuteil. Den Scherz besorgen die Burschen der betreffenden „G'moa" in der Weise, daß sie aus sicheren Verstecken heraus auf den ans der Nachbargemeinde ein Bombardement eröffnen. Das erste Mal nimmt man „Woas'n" hiezu, das heißt Grasbüschel mit den daran hängenden

---

[1] Wegen dieser Stelle wurde mir während der Korrektur von einem Europäer, der im Zülathoul (deutsch: Zillerthal) als Beamter der politischen Behörde lebt, folgende Berichtigung eingesendet: „Das Augenausdrücken ist nicht, wie Sie zu glauben scheinen, ein überall geübter Nationalsport; im ‚Zülathoul' und vielen anderen Quertälern schätzt man das Wegbeißen der Ohren und der Nasenspitzen während des Raufens — allerdings zumeist neben dem Augenausdrücken — als einen sehr unterhaltlichen Zeitvertreib. An solchen Orten begegnet man darum häufig Männern mit verstümmelten Nasen und mit Ohrenfragmenten." — Der Fremde gedenke beim Eintritt in das obenbezeichnete Tal auch des schönen Nationalliedes: „Zülathoul du bischt mai' Fraid." —

Erdschollen, für den Wiederholungsfall gilt die Anwendung von nägeldurchsetzten Holzlatten, von Schottersteinen und scharfkantigen Felstrümmern als Regel. Sobald der Beworfene zusammenstürzt, gibt der Spielleiter das Zeichen zur Beendigung dieses neckischen Amüsements mit den Worten: Er ischt scho' hi'g'foll'n! Sodann gehen alle ruhig nach Hause.

Mark und Kraft spricht aus solchen Belustigungen und nationalen Sporten. Mark und Kraft sind für das Wesen eines Volkes von höherem Werte als Höflichkeit, die doch nur ein Ausdruck der Dekadenz und Falschheit ist. Dieses böse Anzeichen der Dekadenz ist in Tarrol nirgends zu finden, dafür spricht man offen und klar.

Offen und klar war es gesprochen, als mir ein biederer Jägersmann auf meine Frage „Bitte, wo ist der Weg nach Gurgl?" antwortete: „Da Wäch nach Gurgl ischt do, wo a ischt!" Ebenso klar antwortete mir ein wackerer Ökonom auf meine Erkundigung nach dem Ortsnamen: „Wia dea Ort do hoaßt? Schmeckch's! – – Und wonn d'r wos nöt racht ischt, so konscht mi – – – – !"

Auch jener temperamentvollen Kellnerin will ich gedenken, die mich auf den Wert der Streichhölzer so überaus eindringlich aufmerksam machte. Als ich mir meine ausgegangene Zigarre zum zweiten Male anzündete, rief sie mir nämlich zu:

Sö, hern S', 's nextemol kafen S' Eana a durt Eanare Stroachhölzln, wo S' Eanare Zigarrn kafen! Daß S'es nua wiss'n! –

Sie hatte ganz recht, hatte ebenso recht wie eine freundliche Bauernfrau, in deren Haus ich während eines Wolkenbruches mit der Bitte eintrat, mich einige Zeit unterstellen zu dürfen und die meinte: Na, zargeh' tadascht[1] wohl a nöt wiara Stigl Zugga[2], woon'st weida gangascht, Stodfrackch g'sölchta! –

Aus solchen und vielen ähnlichen Erlebnissen schöpfte ich die freudige Erkenntnis: Das Volk der Tarrola ist ohne Falsch. Es spricht, wie es denkt, und es denkt gut!

Seine Eigenart hat etwas Erquickendes, ja sogar etwas Rührendes.

Das Rührende äußert sich vor allem in ihrem Versuch, fröhlich zu sein. Völker anderer Länder singen, wenn sie lustig sind. Die tarrolische Fröhlichkeit bringt es nicht bis zu Worten oder gar bis zu einigen Liedern – sie lehrte die Menschen bloß „juchazen" und „jodeln".

Der „Juchaza" klingt niemals lustig. Ganz im Gegenteile! Man stellt sich dabei einen Menschen vor, der sich krampfhaft bemüht, anders zu scheinen als er ist und fühlt darum aus diesen schrillen Tönen nur das Eine heraus: Armer Teufel! Du möchtest singen und kannst bloß schreien und brüllen! Dieser Eindruck verstärkt sich noch, wenn man den Burschen sieht, der „juchazt". Er tut es ohne eine Spur von Lächeln, weder vorher noch nachher ändert sich seine ernste Miene.

Und mit Ernsthaftigkeit geben sie sich auch dem Vergnügen des „Jodelns" hin. Dieses ist weniger laut als das „Juchazn", hält dafür länger an und will eine gesanglich ausgedrückte Gedankenlosigkeit sein, ein Ziel, das so ziemlich erreicht wird – wenigstens was die Gedankenlosigkeit anlangt.

---

1) zergehen würdest (tätest) du — —
2) Stück Zucker.

Reichlicher Alkoholgenuß vermag das „Jodeln" und „Juchazn" zu Tönen von solcher Kraft zu steigern, daß sich das Kriegsgeheul der Indianer oder der alten Germanen wohl nur wie ein armseliges Kindergewimmer dagegen ausnehmen würde. Aber selbst zartere Kunstäußerungen fehlen im Lande nicht. Was klingt zarter und feiner als eine Zither?

Mag sich das Zitherspiel auch bei manchen umwohnenden Völkerschaften finden, seinen Ursprung nahm es sicherlich in Tarrol. „Die Zidda geht af's G'miad'"[1], sagt der Tarrola, und das ist richtig. Denn dieses Instrument erinnert an das Gewimmer eines Sterbenden, wenn es sich um ernste Stücke handelt, und wenn es heiter sein möchte, ähnelt es dem letzten kraftlosen Gezirpe eines Heimchens, das sein Liedchen in den rauhen Herbsttagen für immer beendet. Bei solch jammervollen Tönen fällt einem alles Unangenehme und Ängstliche ein, was die Seele beschwert: bevorstehende Hühneraugenoperationen, hohle Zähne und die abgerissenen Knöpfe, die man sich als Junggeselle selber annähen muß.

Aus all den genannten Erscheinungen spricht ein inniges und ehrliches Bemühen nach Kunst und Fröhlichkeit. Mag das, was dabei herauskommt, auch arm oder wortlos sein, es bleibt doch rührend und auch interessant, weil es echte Heimatskunst ist. –

Juchazn, Jodeln und Zithernspiel – oh tarrolische Fröhlichkeit – wie bist du so traurig! –

Sicher müßte es Protest hervorrufen, wenn ich das Dasein eines tarrolischen Volksliedes ganz und gar bezweifelte. Hierin bin ich sehr bald – trotz „Juchaza"

---

1) auf das Gemüt.

und „Jodler" – anderer Meinung geworden. Bekehrt hat mich ein echter Tarrola, den ich bat, mir etwas aus seinen Heimatsliedern vorzusingen, wenn es solche überhaupt geben sollte. Der Mann lächelte geringschätzig über meinen Zweifel und begann:

„Ich bin eine Fitwe, eine kleine Fitwe,
Bin das Kissen so gewehnt . . ." etc.

Ist das nicht Volkspoesie?

Wie ich höre, veranstaltet die Landesregierung eine Sammlung tarrolischer Volkslieder. Sie soll schon rund 20 000 Stück beisammen haben.[1] Das Lied von der „kleinen Fitwe", die das „Kissen so gewehnt" ist, empfehle ich ihr hiermit als einundzwanzigtausendstes! –

Gemütstiefe hat dieses Volk wie kein anderes und ein Herz voll lebhafter Empfindung!

Solche Eigenschaften haben ihm auch die Tierseele nähergebracht und vollauf verstehen gelernt.

Oder wie wäre es sonst denkbar, daß es in Tarrol vielleicht zehnmal soviel Hunde als Menschen gibt? Der ärmste Teufel hat hier mindestens einen Hund, wohlhabende Leute besitzen deren oft bis zu zehn Stück.

Wenn man sich in einer tarrolischen Ansiedlung irgendwo ruhig auf die Straße stellt, fühlt man sofort ein sachtes Schnuppern an den Beinen, dem gar bald eine angenehme Feuchtigkeit folgt. „As trockchnat jo glei wida" sagt der verständige Tarrola, und mancher setzt nicht ohne Stolz hinzu: „Ächta Tarrola Lodn losst nix durchch!" – –

---

[1] Laut Zeitungsnachrichten vom 8. August 1908.

Der Hund gehört unzertrennlich zum Charakter der tarrolischen Niederlassung: er besorgt die Ornamentierung der Straßenecken und der öffentlichen Wege.

Undenkbar wäre in Tarrol eine Hartherzigkeit, wie man sie leider so oft in europäischen Städten beobachten kann, wo Anschläge verkünden: „Auf polizeiliche

E·Dumitșa

Anordnung ist das Mitbringen von Hunden in öffentliche Lokale verboten!"

Eine solche Verordnung würde in Tarrol unfehlbar einen neuen Volksaufstand hervorrufen!

Ja, womit soll man sich denn im Gasthause unterhalten, wenn nicht die Hunde wären? Man trinkt, jodelt, juchazt, raucht – – und dann?

Dann sind eben die Vierfüßler hier! Bald gilt es, einige raufende Hunde zu trennen, bald nehmen die Hunde durch kräftiges Bellen an dem Disput ihrer Herren teil oder heben irgendwo ein Bein hoch: was alles Anlaß zu Scherzen und köstlichen Überraschungen bietet.

Oft wird man beobachten können, wie Tarrola nach beendeter Mahlzeit ihre Teller den Hunden zum Auslecken auf den Boden stellen: das ist aber keineswegs landesüblich! Solche Leute sind in der Fremde ein wenig entnationalisiert worden. Der echte Tarrola ißt mit seinen Hunden, die bei Tisch neben ihm sitzen, gleichzeitig und mit derselben Gabel aus demselben Teller – eine Kordialität zwischen Tier und Mensch, die jedem, wenn schon nicht aufs Herz, so doch auf den Magen gehen muß. Als ich dergleichen das erstemal sah, hatte mich meine europäische Überempfindlichkeit zur Frage veranlaßt: Sind denn bei diesem intimen Verkehre nicht die Flöhe und Würmer zu fürchten? – Aber ein treuherziger Tarrola gegenüber antwortete: Oh naa, liawa Hea'! Fir mai' Huntl ischt koa G'fohr nöt, denn d'Fleh gehn nöt weg von mia, und Wirma hon' i koane nöt! – –

Mit innigem Vergnügen beobachtete ich Tag für Tag einen anderen, der mit seinem Hunde nach der Mahlzeit lange politische Diskurse hielt. Obwohl der Mann sogar einen akademischen Grad besaß, war seine Seele doch schlicht und unverfälscht wie die seiner Mitbürger. Gemeinsam sahen die beiden Freunde in ihr Leiborgan. Der Hund, eine Dogge von Ochsengröße, spitzte die Ohren, und der Herr begann: Herscht du! Ischt dös nöt aine Gemeinheit vo' do Pölz? Scho' wida fongen s'o'! (Faustschlag auf den Tisch. Der Hund knurrt.) – Jauooo, Wauotaan, won ins oa'mol oano untakchemat, woos! (Der Hund bellt.) Ah jauooo, i woaß's scho', du bischt a rachte tarrolische Hunt! – Naaa, oh da schaug hea,

Wauotaan, so a Gemeinheit vo' de Wallischen, da schaug hea! (Der Hund legt ihm die Vorderpfoten aufs Knie und bellt geradezu auf die bezeichnete Stelle hin!) – Brav, Wauotaan, jauooo, du bischt holt a g'schaida Kcherl, der mi' glei' vasteht!

So ging es lange Zeit fort. Sie verstanden sich wirklich vollkommen und gehörten zweifelsohne zur selben politischen Partei. –

Wo wir daher hinblicken, sei es Alltagsleben, Kunst oder Nationalsport – der Tarrola zeigt in allem eine sehr ausgebildete Eigenart.

Seine hohen Berge, die ihn wie ein schützender Wall umgeben, werden ihm jederzeit behilflich sein, sein Wesen vor dem verderblichen Einflusse Europas zu bewahren.

Und das ist erfreulich.

Denn tarrolische Eigenart ist ein köstliches Gut.

Mit Recht sagt darum das Volk: „Tarrol den Tarrolan!" – Ich werde nie zu denjenigen gehören, die es ihnen nehmen wollen, niemals!

Der sprechende Totenkopf.
(Eine Geschichte aus der vierten Dimension.)

Als ich das Museum von meinem Vorgänger übernahm, fand ich die Schaukästen mit dem unglaublichsten wissenschaftlichen Trödel angefüllt. Am meisten ärgerte mich ein konservierter Schädel. Am Glase prangte die Aufschrift „Homo sapiens" mit einem großen Fragezeichen und der Inventarnummer 3784. Das Präparat verschlang unheimlich viel Alkohol; so oft ich auch nachfüllen mochte – das Schädeldach ragte dennoch bald wieder aus der Flüssigkeit.

Ich würde das teure Objekt längst ausgeschieden haben, wenn es mein Vorgänger nicht fürsorglich inventarisiert hätte.

Als ich einst spät abends noch im Laboratorium arbeitete, vernahm ich ein eigentümliches Geräusch. Ihm nachgehend, kam ich auf besagten Schädel Inv.-Nr. 3784. Beim Schein der Studierlampe konnte ich deutlich wahrnehmen, wie der Schädel seine bleichen Lippen öffnete und stöhnte: „Schpezial!"[1] Zwei stiere Augen glotzten mich an. „Ja lebst du denn noch?" rief ich entsetzt. „Wouhl", klang es dumpf zurück. „Wer bist du", forschte ich weiter. „Kchluibnschedl" spuckte es mir entgegen. „Und woher stammst du?" – „Aus d'r Kchootlockchn."[2] „Also ein Tarrola!" Der Schädel nickte feierlich; da bemerkte ich erst, daß ihm das Cere-

---

1) „Spezial" ist der sog. „bessere Wein".
2) Ein Vorort Innschbruckchs.

brum herausgenommen worden war. „Unglücklicher, du hast ja kein Gehirn mehr", murmelte ich mitleidig. „Nia g'mirkcht"[1], gluckste es im Glastopfe. Das bleiche Gesicht bekam darauf einen unsagbar traurigen Ausdruck, und nach einer kurzen Pause hörte ich wieder deutlich „Schpezial! Schpezial!" – –

Nun war es mir klar, warum das mysteriöse Präparat so oftmaliges Nachfüllen erforderte. Mehr aus wissenschaftlichem Interesse, denn aus Mitleid schleppte ich das Standgefäß mit 96-prozentigem Alkohol herbei und füllte das Glas Nr. 3784 wieder voll. Gierig sog der Mund die Flüssigkeit ein, die Stirnfalten glätteten sich, und der bleiche Kopf wurde gesprächig. Was er mir erzählt hat, soll in Kürze wiedergegeben werden.

Es ist wenig, aber rührend.

Der Kopf gehörte einem jener Idealisten an, die im denkwürdigen Jahre 1809 ihre „Eigenart" gegen ein Heidenvolk zu verteidigen versucht hatten, das überall, wo es hinkam, Straßen baute und überdies noch – Schulen errichtete! Gleich beim Angriffe verspürte unser Held einige Fremdkörper auf seiner Rückenseite. Er versuchte das hiebei fühlbar werdende Unbehagen durch Kratzen mit dem Pfeifenrohr zu beheben, ein Unternehmen, bei dem ihn sein Freund und Mitstreiter, der Huf- und Kurschmied Castullus Zumtobel, überraschte. Dieser, grundgelehrt und scharf im Beobachten, diagnostizierte jene Fremdkörper als Bleikugeln und riet vorsichtshalber zur vorläufigen Unterbrechung der kriegerischen Tätigkeit. Kluibnschedl kam zum Feldscher.

---

[1] bemerkt.

Mit dem Lazarettgehilfen zugleich erschien, weil dies so üblich war, ein Kapuziner, und beide fanden reichlich Arbeit. Mit derselben Gründlichkeit, mit der der eine die Zahl der wöchentlichen Räusche und der unehelichen Kinder des Patienten festzustellen versuchte, forschte der andere nach den feindlichen Kugeln, die, obwohl man ihre Eintrittsstelle deutlich sah, im Rückenfleisch nicht aufzufinden waren.

Nachdem der Lazarettgehilfe 14 Kreuzschnitte ohne Erfolg gemacht hatte, räusperte sich Kchluibnschedl, spuckte, wie dies seine Art war, kräftig auf die Zimmerdecke und riet wohlwollend: „Kchennt ma's[1]) nöt eppa vo' vurn o'gehn?" wobei er sich hör- und riechbar auf den Rücken wälzte.

Der Gedanke war gut, da er aber zugleich den ersten und einzigen im Leben unseres Helden darstellte, empfand er nach dieser ungewöhnlichen geistigen Anstrengung eine solche Müdigkeit, daß er bald ermattet einschlief.

Der Schlaf muß tief und lang gewesen sein, denn als Kchluibnschedl die Augen wieder auftat, fand er sich nicht unwesentlich verkürzt im Präparatenglase Nr. 3784 wieder. Wie dies gekommen, darüber machte er sich gewohnheitsmäßig keine Gedanken.

Er wußte überhaupt nur, daß er unsäglich Durst litt, und so hatte ich alles aufzubieten, die nötigen Alkoholmengen herbeizuschaffen. Die Folgen blieben nicht aus! Seine Reden wurden immer wirrer und widersinniger, er stieß Äußerungen hervor, die mit der religiösen Erziehung seines Volkes in entschiedenem Kontrast standen, ja er gurgelte es schließlich hervor: A Tolm bin i g'west,

---

1) man es.

a rachta Tolm, daß i mi auffischiaßn hob' lossn! Wia d'r Anderl hätt' i's moch'n soull'n! Wia d'r Anderl! Dea ischt fei' in Heistodl[1)] gong'n, wann s' o'g'fongn ho'n[2)] zon schiaßn, und hod nua in Kopf monigsmol[3)] a wen'g aussa- g'steckcht! A Tolm bin i g'wen!

Kchluibnschedl, sagte ich begütigend, du weißt nicht, was du redest!

Woaß i, grunzte er wütend. Stad[4)] bischt, du Stoa'esel, sunst jauckh[5)] i di, wia ma dö Wallischen dazumol g'jaukcht hom!

Aber geh! Ihr habt doch die Bayern in erster Linie verjagt und nicht die Wallischen! –

Im Glase begann es förmlich zu kochen. Die Walli- schen, gurgelte er, oda die Boarn, 's ischt olles oans! Olle san s' vor ins davo' g'rennt. D'Innschbruckcha ham a zittert vor ins, grod so wie dö Ondern! Won inser oana Schnops g'nua g'hobt hod – ah do hod's ausgeben! Ob a Wallischer oda a Boar oda a Innschbruckcha oder oan Onderer, dös wor ins gonz gleich! – Wos woaßt denn du! Fir di heuliche Rölichion – ah, do hom ma dreig'haut! –

Der Kopf machte immer heftigere Bewegungen, seine stieren Augen traten immer stärker hervor – ein unheimlicher Anblick! Delirium tremens war das, furchtbarster Säuferwahnsinn!

Während es mich noch eiskalt überlief, kam aus dem Glase schon wieder das unheimliche „Schpezial! Schpe- zial!" – – –

---

1) Heustadel, Scheune.
2) haben.
3) manchmal.
4) still.
5) jauken = jagen, fortjagen.

In meiner Zerstreutheit und Erregung ergriff ich die falsche Flasche und schüttete ahnungslos ihren Inhalt dem tollen Säuferkopf mitten in den Mund. Die Wirkung war entsetzlich. Das ganze Objekt begann sich heftig zu regen, die Schädelkappe geriet in Schwingungen, das Gesicht verzerrte sich zu einer teuflischen Fratze, und die kreidebleichen Lippen machten heftig spuckende Bewegungen, so daß die Flüssigkeit aus dem Glase spritzte – dann war es still –

Kchluibnschedl hatte für immer ausgeredet, der Totenkopf war wirklich tot.

Aus Versehen hatte ich ihn mit – aqua destillata begossen. – –

Contra Kchluibnschedl.

Mir war nicht leid, daß ich ihn still gemacht hatte. In seinem Schnapsdelirium sprach er Dinge, die mich verdrossen.

Vor allem war es unpassend, daß ihm „Innschbruckcha", „Wallische" und „Boarn" gleichviel galten. Der tarrolische Historiker J. Hirn muß mit Leuten wie Kchluibnschedl gesprochen haben, wenn er behauptet, daß die Tarroler Kämpen „beklagenswerte Exzesse begangen" hätten [1] und wenn er weiterhin von einer „gewalttätigen bäuerlichen Polizei" [2] in Innschbruckch berichtet.

Dergleichen ist sicher nicht vorgekommen. Unrecht hat Kchluibnschedl auch, wenn er meint, es habe sich um einen Glaubenskampf gehandelt. Bedauerlicherweise scheint der tarrolische Maler Egger-Lienz ebenfalls unter dem Einflusse eines Kchluibnschedls zu stehen, weil er auf seinen Schlachtenbildern an der Spitze der tarrolischen

Kluibenschedl rekonstruiert nach Egger-Lienz

---

[1] Tirols Erhebung im Jahre 1809, p. 349.
[2] ebenda, p. 655.

Streiter immer Geistliche mit erhobenen Kruzifixen einhergehen läßt.

Alles falsche Kchluibnschedl-Ideen! Einen „Freiheitskampf" kämpften die Tarrola. Das klingt, das läßt sich hören!

Und ihr Führer dabei hieß Pater Haschpinga.

Und die Freiheit, die sie verteidigten und nicht verlieren wollten, – – ja – – die, die bestand darin – daß sie sehr eifrig den Rosenkranz beteten, eben wegen der Freiheit, die sie hochhielten.

Wir wollen jetzt von etwas anderem reden.

Also Kchluibnschedl hat Unrecht.

Es ist nämlich auch gar nicht wahr, daß sie alle Feinde davonjagten. In Kchopfstoa beispielsweise blieben die „Boarn" ruhig in ihrer Festung, während das Land rundum den Tarrolan gehörte. Das beweist Duldsamkeit und Nachsicht.

Der trunkene Kchluibnschedl hat von solchen Dingen scheinbar nie etwas erfahren!

Sicherlich waren auch nicht alle in so wütender Stimmung wie er. Der tarrolische Dichter Lutteroti läßt einen Kämpfer zum „Hauptmo'" sagen:

– „Mar hôb'n üns 's Maul varbrönnt.
Jatz is Land'l voll Soldôt'n,
Dö wear'n nit schlecht fôss'n,
Dar Teufl hôt's üns g'rôth'n,
Uns in dön Kriag einz'lôss'n." – – [1]

---

[1] Auszug der Miliz-Kompagnie von St. Nikolaus ... etc.

Derartige Ansichten sind einem Kchluibnschedl selbstverständlich nie gekommen!

Schließlich noch eine beruhigende Bemerkung für konservativ Denkende, die es vielleicht unangenehm empfinden, daß „Freiheitskämpfer" siegten. Nur tendenziöse Darstellung vermöchte die Sache in diesem Lichte darzustellen. Die Geschichte weiß bloß von vergeblich erregten Aufständen zu berichten, deren endgültiges Ergebnis nicht mit dem Worte „Victoria" bezeichnet werden kann. Zwei ganz andere Wörter sind hierzu nötig, sie heißen – weil wir schon mit lateinischen Brokken angefangen:

Proditio et clades. – – –

Begreiflicherweise wußte Kchluibnschedl auch davon nichts, weil er sicher kein Latein verstand.

Aber abgesehen von dieser Unkenntnis, sind seine Äußerungen überhaupt nicht ernst zu nehmen. Er hat sie im Schnapsrausch getan – und nur im Wein ist Wahrheit, nicht im Schnaps!

Wenden wir uns darum von ihm ab und freuen wir uns lieber mit jenen, die sich zu freuen vermögen, weil sie nichts von den Kchluibnschedln wissen!

D'Judn san do!

Der Schriftsteller Chamberlain hat es bewiesen, daß die Juden eine Pestbeule am Körper der europäischen Kultur sind.

Der tarrolischen Kultur wollen sie etwas Ähnliches werden.

In der großen Ansiedelung Innschbruckch hat es begonnen.

Dort wohnte der Schuster Anderl Vicheisen. Er arbeitete täglich zwei bis drei Stunden, die andere Zeit trank er und spielte Karten. Wenn er nach Hause kam, prügelte er Frau und Kinder, und jeden Sonntag ging er in die Kirche.

Eines Tages siedelte sich in seiner Nähe ein Europäer, oder besser gesagt, ein Orientale an, der auch Schuster war. Er hieß Uscher Wasserspeichel. Anfangs hungerte er mit seiner Familie, aber die Familie überwand diese Hungerperiode mit der Zähigkeit ihrer Rasse. Allmählich fand sich für Uscher Wasserspeichel Arbeit. Er

arbeitete vom Morgen bis in die späte Nacht. Es kamen zuerst nur Fremde, später aber auch Eingeborene. Denn Wasserspeichel war höflich, pünktlich und mit jeder Arbeit zufrieden – und zudem billig. Manchmal kamen Leute und meinten, es sei eben nur eine kleine

Reparatur. Doch dann sagte Wasserspeichel: Gott soll ma geben su machen recht viel ä soi kleine Reparaturen! Wer das Kleine nicht ehrt, ist nicht wert das Große. Gott soll ma strafen, wenn Se nicht werden zufrieden sein mit dä Absetz'! Wann wollen Se se haben, guter Herr? Heute abend noch? – Bis übermorgen ist Zeit? Scheen! – Ich werd' Ihnen bringen die Schuh' heut' nachmittag!

Und er brachte sie. – Das ist Orientalenart. –

Wenn sich ein Fremder manchmal zum Schuster Anderl mit einer Reparatur verirrte, sagte dieser: Waauoos, Sö moanan, i wer' mi hi'setzn und an Eanare z'lumpten Schuach umaflickchn, Sö noticha[1] Kerl Sö, wä' S' Eana koa neix[2] Poor nöt o'schoffn kchenna? Sö wa'n[3] ma da Rachte! Do suach'ns Eana an ondarn Lumpn, oba nöt mi! – Das ist die Art eines offenen, charaktervollen Mannes.

Aber die Leute fanden den „ondarn Lumpn", der ihnen ihre Reparaturen machte; sie gingen zu Wasserspeichel. Ein Blick auf die Bilder beider Männer lehrt uns, ihren Wert verstehen.

Anderl Vicheisen, der, zweifellose Arier, mit dem friedfertigen Auge, das sorglos in die Welt blickt, und mit der freundlichen Körperfülle, die auf einen arglosen und gutmütigen Menschen schließen läßt. Dage-

---

1) notleidender, armer, knauseriger.
2) neues.
3) wären.

gen der Orientale! Sein Auge ist voll stechender Habgier, sein Haar schwarz und wirr, seine Nase häßlich gebogen, sein Körper abgemagert durch Geiz und sinnlose Sklavenarbeit.

Allein die Leute, die Schuhe brauchten, stellten solche Studien nicht an. Sie gingen immer häufiger zu Wasserspeichel, den sie stets zu Hause trafen, der immer gleich höflich und nüchtern war.

Anderl Vicheisen merkte die Tätigkeit des furchtbaren Konkurrenten. Zuerst versuchte er weniger zu trinken und länger zu arbeiten. Kochend vor Wut tat er es, er, der Sohn eines freigeborenen, kühnen Bergvolkes, der nun wegen eines eklen Juden seine liebgewordenen Gewohnheiten lassen sollte! Er hielt es nicht aus. Zu Wasserspeichel lief er hin und stellte ihn.

Sö Rauba Sö! brüllte er, Sö moanan eppa, daß S' mi do aus main o'gstammten Grunt und Bodn vertrei'm wer'n? Sö, i, i bi' a geburna Innschbruckcha und Sö, Sö san nua a Zuag'raster! [1] Dös loss' ma ins nöt g'folln! Dös gibt's nöt! Den Schwindel kchen' ma! Dö Wor' von Eana ischt a ölendache Schwindelwor! Eana wer' ma's Hondwerkch leg'n! – Jud! Jud! Jud!

Gott, sagte Wasserspeichel, Herr Andreas Vicheisen, was wollen Se von mir? Ich bin ä Jud ünd Se sind ä Christ. Nü, wos ist – –? Ich bin ä Schuster ünd Se sind ä Schuster –

Owa i moch' an urdantlache Wor – – !

Dö Lait können hingehn, wo se wollen, und se kemmen su mir. Nü, wos ist? – –

---

1) Zugereister.

Mit furchtbaren Flüchen verließ Anderl die Werkstätte Wasserspeichels. Er wandte sich an die Innung um Hilfe, und diese verklagte Wasserspeichel wegen Religionsstörung, weil er nach den Angaben Anderls auch an Sonntagen arbeitete.

Wie die Anklage entschieden wurde, ist nicht von Belang. Wichtig ist es dagegen, zu bemerken, daß Uscher Wasserspeichel jetzt keine Schuhe mehr macht; er hat dazu ein Dutzend Arbeiter angestellt und besorgt nur die Ledereinkäufe und die Buchführung. Vor zwei Wochen ist sein Sohn Asan Abab Wasserspeichel aus dem Inneren Asiens (Jaroslaw oder Zloczow) mit Weib und Kindern nach Innschbruckch gekommen und nun als Kompagnon im Geschäfte seines Vaters tätig. Der Name Wasserspeichel ist verschwunden. Über dem neueingerichteten, geräumigen Verkaufsladen hängt ein neues Firmenschild mit der Inschrift „Schuhwarenfabrik zur heiligen Dreifaltigkeit".

Im Laden drinnen steht Uscher Wasserspeichel, der emsige, intelligente Orientale, angetan mit einer grünen Weste, und begrüßt die Eintretenden freundlich und lächelnd:

Grüasch Gauooooood! – –

Auch andere als Anderl Vicheisen spüren heute schon die Konkurrenz der Schuhwarenfabrik, und es gibt viele darunter, die weniger freiheitliche Grundsätze haben als dieser: sie arbeiten etwas mehr und trinken etwas weniger. Aber alle sind doch Herrennaturen. Sie schätzen nur das Ganze und verschmähen die kleinen Reparaturen, sie verschmähen als Söhne eines freigeborenen Volkes das sklavische Gebundensein an bestimmte Lieferungstermine und jede kleinliche Pünktlichkeit, und sie verschmähen demnach auch als Männer von Charakter die Höflichkeit.

So sehen wir die Söhne eines kernigen Naturvolkes von den asiatischen Eindringlingen bedroht, bedroht in ihrem Erwerb, bedroht in ihrem Wesen.

Der Konflikt ist tragisch; man hört sie alle furchtbar schimpfen: D'Judn san do!

Ob sie damit das richtige Verteidigungsmittel gefunden haben? – Ob ihnen Herr Chamberlain wird helfen können?

Neulich sah ich Anderl Vicheisen. In seinem Auge war gar keine Kampflust mehr. Er schlich in der Nähe der Schuhwarenfabrik zur heiligen Dreifaltigkeit herum und schaute müde darein. – Was wollte er dort?

Das Ende ist zu ahnen. Anderl sucht sich Arbeit. – Er weiß, wo sie zu finden ist. –

Der Kampf um das tägliche Brot ist hart. Schade um den Mann!

Der Sozi.[1]

Du – !

Jauooo!

Herscht!

Hm? – –

Wos ischt denn dös eppa a so a Sozi? Woaßt du dös?

Jauooo, dös – dös woaß i!

Alschdann? –

A Sozi dös ischt Oana, dea wo koa' Kchrischt nöt ischt!

Zwei Knaben hörte ich vor meinem Fenster dieses Gespräch führen. Damals wohnte ich in einem kaum 500 Einwohner zählenden Dorfe. Ich staunte, daß das rote Gespenst schon so weit vorgedrungen war, daß man selbst hier seinen Namen kannte! Ganz unbegreiflich war die Sache freilich nicht. Das Land besaß eben schon einige Eisenbahnen und Fabriken. Diese bedeuten stets den Anfang des Verfalles, denn der Sozialdemokrat folgt ihnen meist sehr bald auf dem Fuße. Aber in dem Dörfchen gab es weder eine Eisenbahn noch Fabriken.

Durch vorsichtiges Umfragen erfuhr ich das schwer Glaubliche: auch hier lebte einer, – ein Sozi.

Alle sprachen von ihm. Es war damals gerade die Zeit der Fronleichnamsprozessionen, die in Tarrol acht Sonntage hindurch wiederholt werden. Er, der Sozi, hatte an keiner teilgenommen. Dies erweckte in jedem Jahre neue Erbitterung.

---

1) Der Sozialdemokrat

Man erzählte mir, daß er in einer zwei Stunden entfernten Zementfabrik zur Arbeit ging, und zeigte mir auch sein Haus. Eine elende Hütte war es, die weit von den anderen Häusern unter einem finsteren, bedrohlich überhängenden Felsenriesen stand.

Ein Fußpfad führte daran vorbei. Ich bemerkte bald, daß die meisten Dorfbewohner diesen Pfad mieden. Manchmal sah ich, daß sich Weiber bekreuzigten, wenn sie an der Hütte vorbeigingen. Das geschah wohl wegen des überhängenden Felsens. Einmal ging eine Mutter mit ihrem Kinde vor mir. Das Kind lief einem Vogel nach und kam dadurch in die Nähe des Sozi-Hauses. Mit kreischender Stimme rief die Alte sofort: Daß d' herkchemst! Durt drinnat wohnt da Tuifi!

Der „Tuifi", der bald darnach aus der Hütte trat, hatte aber wenig Teufelmäßiges. Es war eine ziemlich müde Gestalt mit langem, schon stark ergrauten Bart.

Als mich einmal ein starker Regen in der Nähe seines Hauses überraschte, beschloß ich, die Gelegenheit auszunutzen. Auf diese Weise war es mir schon öfters gelungen, in das Innere tarrolischer Bauten einzudringen. Auch mußte der „Tuifi" zu Hause sein, da Sonntag war. Bei meinem Eintritte kam mir ein Frauenzimmer mit ausdruckslosen Augen entgegen.

Grüaß Gott, sagte ich. Sie entgegnete nichts, sondern lächelte blödsinnig vor sich hin. Aus dem Hintergrunde kam ein „Guat'n Toch!"

Der Mann, der „Tuifi" selbst, trat hervor und schob das Weib hinaus, wobei dieses einige lallende Laute von sich gab.

Sodann stellte er mir wortlos einen Sessel hin. Danke! sagte ich. Sie erlauben, daß ich hier untersteh'? Bis zum

Dorf sein doch noch zehn Minud'n und der Regen ischt org –

Hot nix zur Soch'. Warten S', bis 's aufhert. – Eine Pause. – Ich fühlte, wie er mich von rückwärts betrachtete. Endlich begann er wieder.

Der Herr ischt wohl a Fremda, i' mein' so gonz a Fremda?

Allerdings. Sie merken 's an meiner Sprache und weil ich keinen Gamschbart trag' –

Das wär 's wenigschte. Owa daß S' zo mir einakchema san!

Sie sind wohl der Sozialist, von dem olle red'n?

Soo, sagen s' Sozi zu mir? – Er bemühte sich zu lächeln, es wurde ein unheimliches Gesicht.

Sozi? Ah sooo! Noo, wissen S', i' hob' dös ormselige Heis'l do vo' mein' Vodan[1] g'erbt, und iwa da Tir do wor ima a Kreiz, dös ho'm s' ma 'runterg'riss'n und ho'm g'sogt, dös dorf a Heid' nöt ho'm, und iwa da Tir do wor'n die Buchstabn vo' die heilichen drei Kenich[2]. Wia s' mit da Zeit vergang'n san, hob i s' sölwa nochg'molen mit oana roten Farb', und do san s' kchema und ho'm ma den Tirbolkch'n frei[3] rausg'riss'n, weil a so was ebenfolls fir an Heidn nöt paßt. Na alschdann hob' i koa Kreiz mehr 'naufg'henkcht und koane Buchstabn mehr hi'g'molt – na olschdann bin i a Sozi. –

Darauf war schwer etwas zu antworten. Ich begnügte mich, den Kopf zu schütteln. Er verfolgte meine Blicke.

Sie schaug'n auf die Büacha dort hi'? Jo, das ischt auch was Heidnisches und Sozialistisches. Ich ko' auch

---

[1] Vater.
[2] hl. drei Könige.
[3] heißt hier nahezu.

lesen und schreiben, sicher – weil i' nämlich einmal a Volksschullehrer war – –

Wie? –

Sicher – oamol – –, er machte eine Handbewegung, als läge das hundert Jahre lang hinter ihm.

Aber wia Sie sehn, bin i eben koa sehr starkcher Mo'. Im Winter hob' i müssen imma den ganzen Kirchenplotz vom Schnee ausschauffeln, dann der lange Meßnerdienst, hernoch die gonze Kirch'n auskehren, die Altarleuchter putzen und die Meßgerät – das wär' scho' noch gang'n, das ischt nöt zuviel.

Aber dann hob' ich holt auch beim Pforrer im Haus alle Arbeiten tun müssen, weil sie koan' Dienstbotn g'nommen hob'n; den Pforra sein Garten gießen und bestellen im Summa, dann die Zimmer aufreima und o'staub'n, dann die Kleider und Stiefeln von ihm und seiner Kechin olle Toch sauber reiniga – das wär' scho' noch gang'n, das ischt nöt zuviel.

Aber dann hob' ich holt auch unterricht'n müssen a poar Stunden im Toch – das wär' auch noch gang'n.

Nur oans ischt mir nöt auf die Dauer 'gangen: die Pforrakechin nemli' hot gichtische Füaß' g'hobt, und sie bot si' ein'bild't, daß sie koane Schmerzen mehr fühlt, wonn s' auf die Fußsohl'n kchitzelt wirt – verstehn S' – so gonz leicht kchitzelt, wie wonn Ameisen drüber laufen täten – und das, das ischt halt auch auf mi 'kommen, das Kchitzeln vo' ihre Fußsohl'n – und da hab ich einmal dem Pforra ein Wort g'sogt – es muaß sehr deschbekchtirlach g'wesen sein – sehr – sehr – aber weil ich holt immer Glickch g'habt hob' im Leben, so hab' ich dann doch eine Stell g'fund'n in der Zementfabrikch, wo ich heit no' arbeit'. – Zum Überlegen war nöt viel Zeit, der

Hunger tuat urdantlach weh' – und dann, Sie hab'n s' ja g'sehn, 's ischt mei Schwester, und sie ischt schwachsinnig. Ohne mi geht's halt im Armeleithaus z'Grund – – –

Er hielt inne. Dann murmelte er langsam: Vier Stunden Wech tägli' ischt wohl viel – aber no imma bessa – no imma bessa –. Zum Kirchengehn freili bleibt mir koa' Zeit mehr, na, na –! „Des Himmels Lohn" ischt jo sche', aber um den, den ich in da Fabrikch krieg', kennen ma uns a Brot kauf'n – – –

Daß Sie nie versucht haben, eine andere Stelle zu finden?

In Tarrol war's nöt mögli', und zon Wondern hat's nöt g'reicht. Wo i' hi'kchema bin, haben sie's jo bald erfahren, daß i – i glaub' a Anarchischt bi' – und dä Tarrola san ib'roll gonz gleich. Wonn a die im Oberlond iber die im Unterlond sagn, das san koane richtinga Tarrola nöt, und dö im Unterlond meg'n die im Oberlond nöt: sie san olle gleich, sie san olle richtig – olle –! Die poor Fabrikchen, wonn ma die nöt hätten! Do ischt no' a Unterschlupf fir die Sozi und oll dos G'sind'l, – die was den Himmel nöt donkchen megen fir ollas Elend oder die gor an die Allmacht von an Pforra nöt glauben wollen. So was, denkch i', ischt jo wohl a Anarchischt – – –

Er sah mich an. Irgend etwas mußte ich sagen.

„Es wird schon anders werden –"

Freilich stellte ich mir unter dem „es" eigentlich gar nichts vor.

Jo, jo, sicher, entgegnete er ruhig, fast heiter. 's wird andascht, wenn einmal der durt 'runterfallt und ei'm racht guad zuadeckcht. Dabei deutete er durch ein kleines Fenster, wo der düstere Felsen mit seinen schwarzen Fichten hereinstarrte. –

Da der Regen merklich nachließ, sagte ich ihm meinen Dank und ging.

Wenige Tage darnach erfuhr ich, daß ihn eine Lawine auf seinem Heimwege mitgenommen. Mehrere Holzfäller hatten es gesehen.

Und alle begriffen den wunderbaren Zusammenhang der Dinge, noch bevor ihn jemand erklärte.

Nun war „es" anders geworden.

– Nix fir unguad – Pfiad God! –

Werner Gürtler
Fern von Europa –
Ein Literaturskandal
und seine Folgen

Der Autor

„Ein Strolch allerordinärster Sorte ... hat mit Hilfe eines Druckers, der seine Werkstatt aus Liebe zum Schmutz in einem Abort oder einer Senkgrube aufgeschlagen, ein Pamphlet auf Land und Leute von Tirol herausgegeben, das an ordinärster Gemeinheit alles bisher dagewesene weit übertrifft ... Der Lump ... scheint mitten unter uns zu leben und unser Brot zu essen. Das geht daraus hervor, daß der Kerl, für dessen Charakterisierung das Wort Schweinehund noch viel zu gut ist, über unsere Lokalverhältnisse ziemlich gut orientiert zu sein scheint ... Besonders anschaulich weiß unser Columbus das Liebesleben der Tiroler zu schildern ... Ans Heiraten denkt in Tirol natürlich niemand, weil nichts davon in der Bibel steht."

So beginnt Christoph R. Jenny im November 1909 seinen Verriß von *Fern von Europa* und setzt damit den Auftakt zu einem der heftigsten Skandale der Tiroler Literaturgeschichte, der schließlich mit der strafweisen Versetzung Techets von Kufstein in das mährische Proßnitz enden wird. Und nachdem Jenny noch jedem richtigen Tiroler zu verstehen gegeben hat, „wenn je eine Lynchjustiz am Platz war, dann ist es dieser Fall, der nach Rache und Vergeltung brüllt. Vaterlander! Tut Euere

Pflicht! Wer dieser Spottgeburt aus Dreck und Spülicht nur einen Bissen Brot, nur einen Tropfen Wasser reicht, dem faul' die Hand vom Leibe, und wer dieses Scheusal tötet und zu Aas macht, der sei gepriesen" (Tiroler Wastl, 21.11.1909), flüchtet Carl Techet, der sich hinter dem Pseudonym Sepp Schluiferer verborgen hält, nach München. Die vielgerühmte ‚Tiroler Gemütlichkeit' ist ihm entschieden zu ‚herzlich' geworden.

Carl Techet, von 1907 an Gymnasiallehrer für Biologie und Chemie in Kufstein, wird am 27. Februar 1877 in Wien in kleinbürgerlichem Milieu geboren. Vor seiner Tätigkeit in Kufstein hat er vier Jahre als Assistent an der Zoologischen Station sowie als Lehrer der Realschule in Triest verbracht.

Bereits vier Jahre nach seiner Strafversetzung von Kufstein nach Proßnitz tritt er Ende 1915 nach langer Krankheit in den vorzeitigen Ruhestand und verzieht nach Wien, wo er rege Kontakte mit Arthur Schnitzler und Josef Redlich pflegt und, erst 43 Jahre alt, am 19. Jänner 1920 verstirbt.

Schon seine Erfahrungen als Schüler hatten Techet feinfühlig für die Idee der Selbstbestimmung gemacht. Im Rückblick auf seine Schulzeit schreibt er: „Die Schule war eine Maschinerie zur Erzeugung dynastisch-patriotischer Stimmung und Urteilslosigkeit, eine Untertanenpflanzstätte ... Die Mittelschule war wie die Religion ein Mittel in der Hand mesquiner Staatskunst und persönlichkeitsentwurzelter Staatsmoral." (Mittelschulsorgen – Große Sorgen, in: Der Friede II)

Als Lehrer vertritt Techet „eine feste, alles durchdringende Überzeugung von dem Werte geistiger Selbständigkeit in allen Fragen des öffentlichen Lebens, wofür es weder eine offizielle Marschroute, noch eine vorgesetzte Behörde mit einem Musterlager von sittlich-religiösen und historischen Werten gibt. Das alte Regime wollte, duldete solche Lehrer nicht. Es wollte im besten Falle stille Pflichtmenschen und Arbeitsmaschinen, noch lieber aber schwarz-gelbe Stimmungsmacher." (ebd.)

Die eigene Erfahrung diktiert Techet die folgenden Sätze: „Manche Lehrer hatten gewiß ... eigene Gedanken. Aber die abseits standen, mußten schweigen, oder die Macht hätte sie erdrückt – pensioniert, diszipliniert, quiesziert, suspendiert, emoviert ... Die Besten sahen spöttisch-schweigend zu oder wanderten aus." (ebd.)

Selbst der Landesschulrat muß in der gegen Techet geführten Disziplinarverhandlung anerkennen, „daß er sehr begabt, fachlich tüchtig und strebsam ist und im praktischen Dienste zu den hervorragenden Lehrkräften zählt." (Akten zur Disziplinaruntersuchung) Weil er sich jedoch den Tiroler Werten Religion und Patriotismus nicht anpassen und unterordnen will, weil er im Gegenteil überzeugt ist „von dem Werte geistiger Selbständigkeit in allen Fragen des öffentlichen Lebens", kommt er in Konflikt mit der Obrigkeit. Der Abgeschlossenheit, Einengung, Repression, Einheitlichkeit und Fremdbestimmung setzt er Widerstand entgegen.

Nach dem ersten Weltkrieg gilt Techets Hoffnung – er war wohl schon 1909 im wesentlichen Antimonarchist und Demokrat – der Republik. Auch vertritt er einen antimilitaristischen, antinationalistischen Standpunkt, jedoch in Verbindung mit einem Bekenntnis zu Österreich.

Sein Zukunftsoptimismus gründet sich auf das (idealisierend gezeichnete) Volk, worunter er Arbeiter, Bauern und Kleinbürger versteht, und welches er als natürlichen Garanten von Friede, Menschlichkeit und Demokratie ansieht – im Gegensatz zum dekadenten und korrumpierten Bürgertum. Sich selbst allerdings sieht er als Teil einer ‚freischwebenden Intelligenz'.

Von der parlamentarischen Republik nach 1918 verspricht er sich die totale politische Partizipation aller Staatsbürger. Die Selbstbestimmung des mündigen und ethischen Menschen als Verwirklichung der individuellen Freiheit ist seine politische Zielvorstellung. Aber eben dies, so seine Auffassung, werde von Bürokratie und Staat verhindert. Wie die umfassende Volkssouveränität und Basisdemokratie in der politischen Praxis durchgesetzt werden könnte, darüber macht er sich keine Gedanken.

Techet ist Gegner der Deutschnationalen Partei, er warnt vor der ungebrochenen Autoritätshörigkeit und dem verkappten Monarchismus der Deutschbürgerlichen nach 1918, die zu einer Bedrohung der von Arbeitern, Bauernsöhnen und Kleinbürgern erkämpften Republik werden könnten.

Hebel zur Überwindung der deutschnationalen, autoritär-militaristischen Ideologie, sowie zur Schaffung der neuen, besseren Gesellschaft, ist für ihn die Schule.

Techets Situation in Tirol ist die des kleinbürgerlichen Intellektuellen, der zur Sicherung seiner materiellen Lebensbasis den Lehrberuf ergreifen muß, dadurch aber in die Enge einer bedrückenden sozialen Umwelt eingeklemmt wird, in totaler Vereinzelung lebt und kulturellen sowie wissenschaftlichen Mangel erleidet, „wie dies leider gerade bei begabten Lehrern an Anstalten in kleineren Orten nicht selten zu beobachten ist." (Akten zur Disziplinaruntersuchung)

Techet beklagt vor allem „das vollständige Entbehren alles dessen, was irgendwie fördernd und geistig fortbildend wirken könnte." (ebd.)

Von November 1907 bis Dezember 1909 in Kufstein, versucht er bereits vier Monate nach seiner Ankunft aus Tirol wegzukommen – vergeblich. Auch alle seine weiteren diesbezüglichen Gesuche werden abgelehnt.

In der Beengung und Isolation beginnt er die kurzen, satirischen Geschichten zu schreiben, die dann zum Gegenstand des öffentlichen Interesses werden sollten.

Das Werk

Fern von Europa wird am 26. Oktober 1909 unter dem Pseudonym Sepp Schluiferer im Münchner Verlag Lothar Joachim veröffentlicht, nachdem der Verlag des *Simplicissimus* das Manuskript Ende 1908 abgelehnt hat.

Techets Satiren entlarven den Widerspruch zwischen Anspruch und Wirklichkeit, sie decken die Differenz zwischen Ideologie und Realität, Glaube und Wahrheit, zwischen Schein und Sein auf. Sie entwerten das Überbewertete, verneinen das Schlechte, sind Negation des Negativen. Die kurzen Skizzen geben eine verkehrte Welt, eine falsche Wirklichkeit wieder, neben der gerade wegen ihrer Verkehrtheit und Irrtümlichkeit auch die richtige Wirklichkeit, die lebenswerte Welt, wie immer sie ausschauen mag, denknotwendig existieren muß, wenigstens als Hypothese. In der Verneinung ist die Möglichkeit enthalten, daß es auch anders sein kann, daß es nicht so sein muß, wie es ist, ohne daß die Satire deswegen gleich einen Weltplan präsentieren wollte. Die Kraft der Satire liegt eben genau darin, daß sie mittels Verzerrung und Verneinung einen Keil zwischen die Wirklichkeit und den Leser treibt zu dem Zweck, ihm Gelegenheit zur Wahrnehmung der unübersehbar vielfältigen Möglichkeiten zu geben, an denen er Tag für Tag aus Ehrfurcht vor der Wirklichkeit unachtsam vorbeigeht. Die Satire sprengt den Leser von der Wirklichkeit ab und nötigt ihn zur Utopie.

Satiren haben Anlässe. Ihr Angriff zielt auf bestimmte Gegebenheiten, mit ihnen ist jede Satire unmittelbar verwachsen. Verfallen oder verschwinden sie, verliert auch die Satire ihre Anziehungskraft. Ihr Angriff geht ins Leere, sie wird nicht mehr verstanden.

Obwohl *Fern von Europa* nicht frei ist von ästhetischen Schwächen, stilistischen Verkrampfungen und den typischen Klischees des Intellektuellen über das Tiroler Volk, hat es doch in seiner „unverfrorenen Gradheit" (Kritische Rundschau, 15.6.1914) einen großen Vorzug: es zeigt, wie langlebig gewisse Zustände und Gegebenheiten hierzulande sind. Und daß die Satire nach wie vor aktuell ist, daß also die in *Fern von Europa* aufs Korn genommenen Zustände nach wie vor existent und wirksam sind, beweist allein schon das mehr oder weniger häufige Schmunzeln des Lesers – oder seine Empörung.

Rezeption – Reaktion 1909/10

An die eingangs zitierte Rezension des deutschnationalen Jenny knüpft wenig später der christlich-soziale *Allgemeine Tiroler Anzeiger* an: „Ehrlicher Zorn übermannt einen, liest man das elende Machwerk jenes gehässigen Heimtückers, der zu feig war, seinen Namen unter die giftigen Ausfälle gegen Tirol und Tiroler Sitte zu setzen ... was uns in jener Schandbroschüre unter der Maske eines gleißnerischen Stils vorgetäuscht wird, ist eine der gemeinsten Pauschalverleumdungen, die je ein Schurke ausgesprengt. Wir hätten am liebsten davon geschwiegen ..." (Allgemeiner Tiroler Anzeiger, 25.11.1909)

Außerhalb von Tirol dachte man anders: „Sepp Schluiferer – weiß der Teufel, wer hinter diesem Pseudonym steckt – liebt Tirol nicht ... Dabei hat er zweifellos die Form gefunden, ausgesuchte Bosheit der Satire in einer so zuckersüßen Weise zu kandieren, daß man ihm nicht bös' sein kann. Mancher Tarroler, glaube ich, wird, wenn er das Buch aus der Hand legt, schmunzeln und sagen: ,Woll, woll, mannichsmoll hat er scho racht'." (Münchner Neueste Nachrichten, 23.11.1909).

Fern von Europa wird ein buchhändlerischer Erfolg. Bis 1923 erlebt es 20 Auflagen und wird über 25.000mal verkauft. In Tirol allerdings verschwindet das Buch aus den Buchhandlungen: Die Landesregierung kauft alle Exemplare auf. Wer das Buch haben will, muß an den Münchner Verleger schreiben. Dieser läßt einen kaufwilligen Tiroler wissen:

„Sehr geehrter Herr!
In Folge des scharfen Angriffs der dortigen Presse auf das Buch, bedauere ich in Ihrem eigenen Interesse nicht unter Nachnahme liefern zu können. Wenn Sie mir K 3,35 in Briefmarken einsenden, lasse ich Ihnen das Buch ohne meine Firma in geschlossenem Umschlag zugehen." (Brief Lothar Joachims)

Die Vorsicht ist verständlich, wenn man weiß, daß der Verlag zahlreiche Drohbriefe erhält und von Privatdetektiven belagert wird. Nichtsdestotrotz besorgen sich unter der Hand viele bürgerliche Familien Innsbrucks das Buch.

Aus der Fülle der anonymen Briefe mögen zwei Auszüge die gereizte Stimmung im Lande anschaulich machen:
 „Sie nennen diese von Gehässigkeit strotzende, tendenziöse Schrift ein Kulturdokument. Au weh! Über Ihre Kultur. *Ihr Herr Schluiferer* ist ein Verräter an seinem Volke, wenn er ein Tiroler ist, gleich dem, der den Andreas Hofer verraten und verkauft hat." (Brief an den Joachim Verlag)

Dr. Luchner-Egloff meint, „daß aus seiner Satire längst ein Pamphlet geworden ist, das nicht schimpft, sondern lügt ..." (Brief an den Joachim Verlag, Zeit vom 9.1.1910)

In der Innsbrucker Universitätsbibliothek wird *Fern von Europa* für Jahrzehnte im ‚Giftschrank' unter Verschluß gehalten und darf nur mit besonderer Begründung entlehnt werden.

Auf die Vorwürfe des Landesschulrates, wie etwa wiederholte Schilderung sexueller Verirrungen, Angriffe auf das religiöse Empfinden der Bevölkerung, generalisierende und tendenziöse Darstellung, antwortet Techet aus München, wohin er geflüchtet ist, schriftlich, da er aus Angst vor tätlichen Angriffen nicht nach Innsbruck zu reisen wagt:

„Was ich unternehmen wollte, war nicht Beschreibung und Schilderung eines Landes, sondern eine Karikierung in einem – wenn auch satirischen – so doch fröhlichen Sinne, ... dessen letztes Ziel nicht eine scharfe Tendenz, nicht Verspottung noch Verhöhnung sein wollte, sondern einzig das Lachen, die Fröhlichkeit des

Lesers ... Die völlig aburteilenden Kritiker der Tiroler Publizität sagen mir, daß etwas eingetreten ist, das ich niemals beabsichtigt habe: Die Beleidigung eines Volkes ... Sollten sich ... irgendwelche Stellen als Verletzung des Glaubens in seiner Reinheit und seiner metaphysischen Fassung verstehen lassen, so habe ich dies ebenso zu bedauern, als Abschnitte, die durch Schilderung sexueller Verhältnisse Anstoß erregen könnten." (Akt zur Disziplinaruntersuchung)

Als am 10. Dezember 1909 Techets Pseudonym enttarnt wird, setzen sofort Verdächtigungen ein, er sei Irredentist, obwohl er sich nie, auch nicht in Triest, politisch betätigt hat. Auch hat man ihn nicht aus politischen Gründen nach Kufstein versetzt, wie die deutschnationalen *Innsbrucker Nachrichten* behaupten. Techet habe, so wird argumentiert, mit seiner ‚Schmähschrift' seine Rückversetzung nach Triest erzwingen wollen.

Techet hatte allen Grund zur Flucht nach München. Es wäre ihm „übel ergangen, ... wenn er sich nicht rechtzeitig aus dem Staub gemacht hätte" (F. Prenns Erinnerungen). In Kufstein kommt es zu offenen Gewalttätigkeiten von radikalen Nationalisten, so daß es der Bürgermeister für notwendig erachtet, „die Wirte in einem Rundschreiben davon zu verständigen, daß außer Techet an der Abfassung des Pamphlets niemand beteiligt sei. Zugleich ersucht er sie, in diesem Sinne beruhigend auf die Bevölkerung einzuwirken." (Innsbrucker Nachrichten, 10.12.1909)

Denn darauf „waren die Kufsteiner wohl am wenigsten gefaßt, daß dieser gemeine Pamphletist in ihrer Mitte gelebt hat ... ohne jeden Verkehr mit der deutschen Bevölkerung ... Er hat sich hier unmöglich machen wollen, um von hier fortzukommen, aber der gewählte Weg zeugt von einem so niedrigen, verächtlichen Charakter wie er den Deutschen nicht eigen, sondern höchstens bei einem Welschen gefunden werden kann ... Jetzt hat man den richtigen Standpunkt zur Beurteilung der Schrift gefunden: welsche Tücke und Niedertracht haben sie diktiert, welsche Ueberhebung und der Haß gegen alles, was deutsch ist." (Tiroler Grenzbote, 11.12.1909)

Mit eine Ursache für die ausführliche Berichterstattung über die Techet-Affäre ist die pluralistische Medienstruktur des damaligen Tirol. Jede politische Gruppierung hatte eine eigene Tageszeitung. Irgend etwas einfach unter den Teppich zu kehren, war um einiges schwieriger als heutzutage. Dennoch hätte man auch damals das Ganze am liebsten totgeschwiegen: „Das Urteil aller, die die Schrift wirklich gelesen haben, ist bemerkenswert einmütig: fort damit in den Papierkorb und so wenig wie möglich Aufhebens von dieser Schmiererei gemacht." (Tiroler Grenzbote, 15.12.1909)

Der von den Deutschnationalen dominierte Kufsteiner Gemeindeausschuß hält eine Protestkundgebung ab und beschließt eine Resolution, in der die Entfernung Techets aus Kufstein gefordert wird.

Die christlich-sozialen Politiker Michael Mayr und Franz Stumpf nützen Mitte Dezember 1909 die allgemeine Aufregung öffentlichkeitswirksam aus und bringen eine Interpellation an den Minister für Kultus und Unterricht, Graf Stürgkh, im Abgeordnetenhaus des Reichsrates ein, in der sie nach dem Hinweis, das Ganze wiege um so schwerer, da dieses ‚Pamphlet' im großen Jubeljahr (100-Jahrfeiern zum Andreas Hofer Gedenken) erschienen sei, verlangen, daß „Se. Excellenz mit aller Beschleunigung dem schwer beleidigten deutschen Tiroler Volke die entsprechende Genugtuung (Interpellation) verschaffe".

Mit der Zeit wird man auch außerhalb Tirols auf die Vorgänge aufmerksam: „Dies kleine, nicht unwitzige Bändchen hat mehr schon erlebt, als mancher alte Ladenhüter. Ganz Tirol ist seinetwegen in Aufregung geraten. Es diene den biederen Älplern, die sonst soviel Spaß verstehen, zum Troste, daß auch die Berliner ihr gerütteltes Maß von Verhöhnung erhalten und daß das, was der Verfasser an den Tirolern geißelt, auch anderen Alpenbewohnern eigen ist." (Grazer Tagblatt, 21.12.1909)

Techets Fall wird in der Landesschulratssitzung vom 26. Jänner 1910 verhandelt. Vorher schon ist seine Stelle in Kufstein neu besetzt worden.

Landesschulinspektor Leschanofsky referiert über die Angelegenheit:

„Unverkennbar geht die Tendenz der Schrift dahin, an einzelnen Bildern aus Tirol in satirischer Weise Typen und Eigenschaften des Volkes bloßzustellen, wodurch aber der Verfasser Gefühle empfindlich verletzte, die im Lande besonders hoch gehalten werden; daß dies so ziemlich der allgemeine Eindruck war, den die Broschüre hervorrief, beweist der Sturm, der sich in der Presse Tirols gegen dieselbe erhob, sowie ihre Entfernung aus dem lokalen Buchhandel ...

Techet ist ein zu intelligenter Mann um nicht einzusehen, daß er als Verfasser dieser Schrift in Kufstein sowohl als in Tirol überhaupt im Lehramte unmöglich weiter dienen könne, und dieser Zweck war ... mit der Herausgabe verbunden. Aber sei dem wie immer, so ergibt sich aus Form und Inhalt der Schrift, daß Prof. Techet hiedurch die ihm als Lehrer und Erzieher obliegenden Pflichten und Rücksichten schwer verletzt und geradezu ein öffentliches Ärgernis verursacht hat." (Akten zur Disziplinaruntersuchung)

Techet habe sich „durch die Veröffentlichung der Satire als Lehrer, besonders aber als Erzieher in Tirol schwer vergangen." (ebd.)

Daraufhin legt Leschanofsky einen Schuldspruch zur Abstimmung vor. Der katholisch-konservative Politiker Wackernell plädiert für „eine klarere Ausdrucksweise und schärfere Fassung". Don Guido de Gentili (Katholische Volkspartei) „möchte betont wissen, daß nicht nur die Religion und die religiösen Gebräuche verhöhnt werden, sondern daß auch direkt Erfundenes vorgebracht wird." Pfarrer Steck (Christlichsoziale Partei) weist darauf hin, „daß fragliche Broschüre auch eine direkte Verhöhnung des patriotischen Gefühls bedeute, zumal sie doch im Jubeljahre erschienen sei". (ebd.)

Schließlich wird Techet einstimmig schuldig gesprochen, er habe die ihm „als Lehrer und Erzieher obliegenden

Pflichten und Rücksichten schwer verletzt und geradezu ein öffentliches Ärgernis gegeben". (ebd.)

Weniger einig ist man sich in der Frage der Bestrafung Techets. Während Landesschulinspektor Leschanofsky einen Antrag auf strafweise Versetzung vorschlägt, verlangen einige Scharfmacher (Spielmann, Mayr, Conci, Thaler) die Ausschließung vom Lehramt.

Nach Vermittlung von Leschanofskys Kollegen, Adolf Nitsche, einigt man sich darauf, beim Ministerium für Kultus und Unterricht die strafweise Entlassung Techets von seiner Dienststelle zu beantragen. Vorerst wird er von Amt und Bezügen suspendiert.

Techet bringt Berufung ein, der die Disziplinarkommission des Unterrichtsministeriums wegen Mangelhaftigkeit des Verfahrens stattgibt. Das Disziplinarerkenntnis enthalte nur allgemeine Behauptungen, so argumentiert man in Wien, und ließe die Bezeichnung jener bestimmten Tatsachen, die man Techet anlaste, gänzlich vermissen.

Nach Rückverweis an die Landesschulbehörde beantragt diese schließlich am 26. April 1910 nach neuerlicher Beratung die strafweise Versetzung Techets. Das Ministerium gibt diesem Antrag statt, und Techet wird im August 1910 nach Proßnitz in Mähren versetzt.

Die *Grazer Tagespost* kommentiert die Versetzung: „Das Buch ist eines der lustigsten Bücher, die wir kennen ... so köstlich, daß jede Kritik in Lachen erstickt. – Wir in der Steiermark können seine Schilderungen (seine Verbannung ist ja nur ein Beweis mehr für die Richtigkeit seiner Wiedergabe gewisser Verhältnisse in Tirol), wir können Schluiferers Bekenntnisse vorurteilslos genießen." (Grazer Tagblatt, 13.11.1910)

Es war um 1910 in Tirol offensichtlich unvereinbar, einerseits Lehrer zu sein und andererseits ein Buch wie *Fern von Europa* zu veröffentlichen. Techet muß demnach eine Reihe von zentralen Tiroler Normen gebrochen haben. Der Normbruch hatte eine Sanktionsdrohung zur Folge, deren Radikalität beweist, daß Techet nicht bloß in beliebigen Nebensächlichkeiten von der offiziellen Linie abgewichen ist: Wäre der Landesschulrat, wie bei Volksschullehrern, zu definitiven Entscheidungen kompetent gewesen, dann hätte nämlich das Disziplinarverfahren mit der Entlassung Techets von seiner Dienststelle, d. h. mit der Vernichtung seiner materiellen Existenzgrundlage geendet und nicht bloß mit seiner Versetzung. Techet hat, so kann man daraus folgern, die anscheinend unverzichtbaren Normen der Lehrerrolle, wie sie in Tirol um 1910 verstanden wurde, verletzt: Affirmation, Konformität, Indoktrination, Loyalität, Devotion. Er fügte sich nicht dem Rollenbild, sondern praktizierte Widerspruch, Kritik, Nonkonformismus und Opposition.

Der differenzierteste Beitrag zur Techet-Affäre stammt von Max Burckhard, veröffentlicht im liberalen *Pester Lloyd*:

„Ein Büchlein aus dem Hasse heraus aber möchte ich nennen Sepp Schluiferers ‚Fern von Europa'. Hier zeugt von dem Hasse schon der äußere Umstand, wie der

Autor die Sprache derer, die er schildern will, schreibt. Falsch gehört ist es nicht, aber im Hasse ist es gehört und geschrieben. Gehört von einem, dem die Leute, unter denen er lebt, im höchsten Grade zuwider sind, so geschrieben, daß man beim Lesen die Empfindung hat, man höre den Autor beim Schreiben vor sich hinschmunzeln: ‚Da werden sie sich giften!'

Und so ist das Buch, und darum löst es das befreiende Lachen des Humors nicht aus, das sonst manche der Geschichten, die da zusammengestellt sind, vielleicht zu wecken vermöchte. Bei Sepp Schluiferer zum Beispiel höre ich im Lesen, wie er gelegentlich Worte wie Hunde, Schufte, Bestien und ähnliches dazwischen ruft. Man kann auch nicht etwa sagen, er übertreibe. Er generalisiert nur. Und zwar, sonst wäre ja das Generalisieren ganz in Ordnung, falsch. Er generalisiert nur das Schlechte und Häßliche. Das Gute kann er nicht generalisieren; denn er sieht es nicht, es ist für ihn nicht da ... So gut einzelnes bei Charakterisierung jenes Gegensatzes zwischen religiös-sittlichem Schein und sinnlich-unsittlichem Wesen, der aber nicht nur in Tirol vorkommt, gesehen und getroffen ist. Diese lächerliche Blindheit und Übertriebenheit des Hasses, die so weit geht, daß sie in den Einheimischen nur eine Bande mißgestalteter, ungewaschener Idioten und Flegel sieht, ist es, die dem Buche, auch wo es mit Recht Kritik an Unduldsamkeit und anderem Bestehenden oder an herkömmlicher falscher Idealisierung übt, seinen Wert nimmt." (Pester Lloyd, 20.11.1910)

Es fällt auf, daß die Tiroler Sozialdemokratie erst 1920 anläßlich des Todes von Techet Notiz nimmt von *Fern von Europa*. Entweder scheute die *Volkszeitung* 1909 das Risiko, für Techet Partei zu ergreifen, als alle anderen gegen ihn hetzten, oder aber man wollte Techet nicht verurteilen, obwohl man das vielleicht gerne getan hätte – man denke nur an den nationalen Kurs der Tiroler Sozialdemokratie um 1910 und das häufige Zusammengehen mit den Deutschnationalen bei Wahlen – weil man nicht einen Mann verdammen wollte, der von der Öffentlichkeit verfolgt wurde, mit der man selbst zu kämpfen hatte. Der Effekt ist jeweils derselbe.

Zustimmung findet sich vor dem 1. Weltkrieg nur außerhalb von Tirol. Lesungen aus *Fern von Europa* ist der Erfolg von vornherein gewiß (vgl. *Neue Freie Presse*, 16.1.1913 und *Tagesbote aus Mähren und Schlesien*, 8.4.1913).

Techet selber las im mährischen Exil „Fremdes und Eigenes, Gilm, Liliencron und seine Geschichtlein. Sie zeichnen sich aus durch treffliche Satire, frischen, geistreichen Witz, sonnigen Humor und bezeugen die aufrechte Gesinnung des Dichters." (Mährisch-Schlesischer Korrespondent, 24.11.1913)

Neben der Volkszeitung bringen 1920 auch andere Tiroler Zeitungen kurze Todesmeldungen. Carl Techet und *Fern von Europa* sind immer noch eine Nachricht wert.

In den folgenden Jahrzehnten wird die Techet-Affäre mehr und mehr vergessen. Nur am Kufsteiner Gymnasium wird hin und wieder davon erzählt. Aber sonst wissen in Tirol nur mehr ganz wenige ‚Feinschmecker' um den Literaturskandal, der im November und Dezember

1909 das ganze Land beinahe leidenschaftlicher beschäftigte als das Jahrhundertjubiläum von 1809.

Anfang April 1976 wird dann als Ersatz für eine Arrabal-Aufführung im Theater am Landhausplatz mit großem Erfolg eine Lesung aus *Fern von Europa* organisiert:

„Bissig, aber wahr. Erstaunlich, was vor dem 1. Weltkrieg die Gemüter im heiligen Land Tirol erhitzte! Heute sind aber die Vorfälle nur allzu ähnlich, die ein offenbar ziemlich unverändert gebliebenes Kunst- und Literaturpublikum auf die Barrikaden treibt. 1909 erregte ein Mann Aufsehen, der unter dem Pseudonym Sepp Schluiferer einen kleinen, aber sehr kritischen Roman unter dem Titel *Fern von Europa* herausbrachte, heute kommt etwa eine Aufführung eines Arrabal-Stückes bis vor den Staatsanwalt ... Das köstliche Büchlein ist leider schon lange vergriffen ..." (Neue Tiroler Zeitung, 6.4.1976)

Warum widerfuhr *Fern von Europa* gerade diese Rezeption? Warum wurde das Buch 1909 von allen politisch-ideologischen Lagern in Tirol – vielleicht mit Ausnahme der Sozialdemokratie – so scharf abgelehnt?

Der Grund dafür ist die Tatsache, daß in *Fern von Europa* der Tiroler Patriotismus in einer Zeit satirisch aufs Korn genommen und lächerlich gemacht wurde, in der er im politischen Alltagsleben immer ausgeprägtere Formen annahm. Als die herkömmlichen sozioökonomischen Strukturen zunehmend von der kapitalistischen Wirtschaftsweise aufgeweicht und zerstört wurden (Ruinierungsprozeß der Landwirtschaft; Agrarkrise; Notlage und drohende Proletarisierung der bäuerlichen Bevölkerung, die 1890 in ganz Tirol noch 70 Prozent, 1910 aber nur mehr 56 Prozent der Gesamtbevölkerung ausmachte; Druck auf das mittelständische Handwerk und Gewerbe; Verelendung und Verarmung der industriellen Lohnarbeiter), ermöglichte er vor allem den deutschsprechenden Tirolern Orientierung in ihrer sich verändernden Umwelt und Identifikation mit einem verbindlichen, die Welt einfach erklärenden Wertsystem.

Unabhängig von ökonomischen, sozialen und politischen Gesichtspunkten konnte sich jeder Deutschsprechende eine spezifische Tiroler Identität schaffen. Ob er arm oder reich, Bürger, Bauer oder Arbeiter, Christsozialer oder Sozialdemokrat ist, war – so wollte es zumindest die veröffentlichte Meinung – nebensächlich, und wichtig einzig, daß er Angehöriger eines ganz besonderen Menschenschlages ist.

Jeder Oppositionelle und Andersdenkende konnte schon dadurch bekämpft werden, daß er als Landesfremder, als Nichttiroler, als Landesverräter hingestellt wurde und damit automatisch jeden Anspruch verlor, sich zu Tiroler Angelegenheiten zu äußern. Aber nicht nur das: Wird einmal ein solcher Landesverräter ertappt, dann heißt das gleichzeitig, daß Tirol vor diesem landesfremden Feind mit allen Mitteln verteidigt und geschützt werden muß, was am besten dadurch geschieht, daß der Gegner außer Landes getrieben wird. In dieser Art verfuhr man 1909 mit Carl Techet.

Die Aufschaukelung von nationalen Gegensätzen zur italienischsprachigen Einwohnerschaft, die ununterbrochene Beschwörung einer andauernden, nationalen Bedrohung Gesamttirols durch die Italiener, ließ die ‚Tiroler Identität über alle Grenzen hinweg' zu einer Existenznotwendigkeit eines jeden Deutschsprechenden werden. Das tendenziell revolutionäre Potential, entstanden durch die Bedrohung der bisherigen Lebenswelt durch den Kapitalismus, wurde aufgesogen, indem die reale soziale Bedrohung durch die Fiktion einer nationalen Bedrohung ersetzt wurde.

Die nationale Zusammengehörigkeit wurde über die soziale Auseinandersetzung gestellt, da diese ja nur das deutsche Volkstum geschwächt, und damit die Italiener gestärkt hätte. Diese Strategie, die um 1910 vor allem von den Tiroler Christsozialen verfolgt wurde, hatte deshalb so durchschlagenden Erfolg, weil mit Hilfe einer wirkungsvollen Propaganda einsichtig gemacht werden konnte, daß das nationale Zusammenrücken im Zeichen des Abwehrkampfes gegen die Irredentisten bzw. überhaupt gegen die ‚Welschen' eine Überlebensfrage von allererster Wichtigkeit sei. Jeder Deutschsprechende hatte damit die Wahl zwischen der Identifikation mit dem Tirolertum und dem Landes-, d. h. Hochverrat. Der besonders nach der Jahrhundertwende stark angewachsene Tiroler Patriotismus erzeugte ein irrationales Gefühl der Zusammengehörigkeit innerhalb der deutschen ‚Volksgemeinschaft'. Wer sich nicht voll und ganz zu ihr und zur katholischen Religion als ihrem sichtbaren Ausdruck bekannte, wurde als ‚Geschwür' angesehen, das man notfalls mit Gewalt zu entfernen hatte. (Daher auch die Probleme der Deutschnationalen, die die Katholische Kirche ablehnten, als Tiroler zu gelten.)

Das Ergebnis war die Verklammerung der gegensätzlichen Interessen der verschiedenen deutschsprachigen Bevölkerungsgruppen. Selbstverständlich hatte dieses Konzept nur in Verbindung mit konkreten Hilfsmaßnahmen für die krisengeschüttelte Landwirtschaft Erfolg.

Der Tirol-Nationalismus war der größte gemeinsame Nenner aller politisch-ideologischen Gruppen im Tirol von 1910. Zwangsläufig mußte der Angriff auf Religion und Patriotismus in *Fern von Europa* den Widerspruch dieser Gruppen provozieren, zwangsläufig entdeckte das offizielle Tirol in Carl Techet den fanatischen Irredentisten mit einem so niedrigen, verächtlichen Charakter, wie er den Deutschen nicht eigen, sondern höchstens bei einem Welschen gefunden werden kann.

Rezeption 1984

Die Neuauflage von *Fern von Europa* Anfang 1984 hat außerordentlich großen Anklang gefunden. Die Unterschiede zur Rezeption von 1909 sind augenscheinlich. Offene Gewalttätigkeiten, Verleumdungen und Verfolgungen sind heutzutage nicht mehr zu finden. Die Methoden der Verdrängung sind dezenter geworden und, wie Alois Schöpf in einer Glosse darstellt, vor allem in der Tiroler Kulturpolitik mittels der Subventionsvergabe wirksam:

„Herr Anker wurde zu einem Gespräch eingeladen, bei dem der zuständige Kulturhofrat Eigentler einige bemerkenswerte Feststellungen von sich gab: In Tirol würden nur Genies gefördert; Herr Anker möge sich an den Präsidenten des Turmbundes, Herrn Kuprian wenden, und nicht er, Eigentler, sondern nur der Kulturbeirat könne über das Subventionsansuchen entscheiden. Letzteres ist schlicht falsch: Der Kulturbeirat kann nur beraten, nicht entscheiden, und selbst wenn er es könnte, hat er es die letzten Jahre niemals getan. Als geradezu zynisch muß die Aufforderung an einen engagierten Jungverleger gelten, sich an den Präsidenten einer Literaturvereinigung zu wenden, deren Berühmtheit vor allem in der fragwürdigen Qualität ihrer Hervorbringung gründet. Und das mit den Genies darf Finanzreferent Basetti nicht erfahren, sonst reduziert er das Kulturbudget auf Null. Was soll's also? Anstatt abzulehnen, betreibt man an Ahnungslosen die hohe Kunst des Auflaufen- und Einfahren-Lassens. Der Beweis? Als Anker nach dem Gespräch von Kulturreferent Fritz Prior eine schriftliche Ablehnung seines Ansuchens erbat, erhielt er darauf keine Antwort." (Tirol-Kurier, 15.10.1984)

Ohne einen Bezug zur Gegenwart herzustellen, kritisiert Johann Holzner die satirische Verfahrensweise in *Fern von Europa*:

„Sein Buch ist freilich kein Kunst-, eher ein Machwerk: eine ganz und gar nicht originell formulierte satirische Agitationsschrift, die das konventionelle Tirol-Klischee demoliert, indem sie für ein neues Tirol-Klischee Materialien liefert. Ein solches Verfahren fördert zwangsläufig die Verteidigung gerade jener Ideen und Verhaltensformen, die es zu attackieren versucht …

Eine Satire, das versteht sich, darf gewaltig übertreiben. Sie wird aber fragwürdig, wenn sie Verfahrensweisen, die sie entlarven möchte, spiegelbildlich einfach kopiert – wenn sie anderes nicht auch anders zum Ausdruck bringt ...

Indem Carl Techet vor solche Adjektive nichts anderes als negative Vorzeichen setzt, bestätigt er nur, was schon Domanig behauptet: daß die Tarroler doch ein auserwähltes Konglomerat bilden." (InN, Nr. 3, 1984)

Die aktuelle Stellungnahme überläßt er dem Leser:

„In Verbindung mit dem Anhang präsentiert dieser Reprint also insgesamt doch ein bemerkenswertes kultur-historisches Zeugnis. Ob Techets Satire tatsächlich nach wie vor aktuell ist, ... – das können und sollen die Leser entscheiden." (ebd.)

Zu anderen Schlüssen als Holzner kommt Hans Haider in seiner Rezension: „Das Büchlein hat gewiß seine Schwächen. Etwa wenn es gar zu typische Intellektuellenvorwürfe gegen einfache Leute erhebt. Es steht in inniger Zeitgenossenschaft zum Münchner ‚Simplicissimus' und den dort serienweise denunzierten tumben Toren.
   Und stellenweise ist es schematisch antiklerikal. Aber es findet sich darin mehr Spott, Witz als in jeder tirolerischen Selbstsatire, tut also weh, statt bloß ex negativo die Tiroler Identität zu hofieren." (Presse, 11./12.8.1984)

Holzners Frage nach der Aktualität der Satire beantwortet Ursula Strohal zurückhaltend: „Techet, ein analytischer Beobachter, schürfte tief. So tief, daß man sich im Grundwasser da und dort noch heute spiegeln könnte." (Tiroler Tageszeitung, 12./14.10.1984)

Einen Skandal wie 1909 hält sie 1984 für unmöglich:

„Dieser wird wohl ausbleiben. Denn gestrige Satiren bleiben gestrig. Wie sollte aufwühlen, was einst die Großväter in Hitze brachte, wenn nicht einmal berührt, was heute den Nachbarn trifft. Ungemach verwandelt die Zeit in Gleichgültigkeit oder Lächerlichkeit. Und sollte der inzwischen längst geneigte Leser von 1984 in ‚Fern von Europa' Parallelen zur Gegenwart konstatieren: Kritik ist stets nur im Augenblick ihrer Erscheinung unverdaulich. Später zieht sich jeder auf eine pseudointellektuelle Position zurück, lächelt über das Kinderspiel, reflektiert ein bißchen und steht unerhört darüber.

Satire mit nach hinten gewendetem Kopf hat keine Zündkraft mehr. Es ist gut, daß dieses ‚verbotene' Buch wieder verfügbar ist. Um zu ärgern, um Sachverhalte greifbar zu machen, muß man aber immer neu die Feder spitzen ...

Es gibt heute zu wenige Satiriker in Tirol. Da wettert so ein Böser schwarz auf weiß über Traditionsmißbrauch (Trachten, Schützen), über Landesausverkauf und Prostitution. Geht dann, mit anonymen Drohungen in der Tasche, verfemt und durch Paradeiser verunziert, durchs Land und beobachtet dies: Nachbar N. mit dem Vollbart hat sich in Tracht geschmissen und paradiert durch die Innenstadt, auf daß die Fremden ihn ungeniert vor die Linse holten und er gleich ungeniert einen Obolus einstreiche. Im Unterländer Ort K. öffnet man die Stalltüren und inszeniert einen (wesentlich verfrühten) Almabtrieb, daß die Kühe nur so staunen. Anderswo heiratet ein Trachtenpärchen, ach wie niedlich, ach wie süß, aber nur zum Schein, wieder nur für die Fremden. Im Oberland wird ein Stück Paradies, werden geschützte Lärchenwiesen von einem Betonband zerschnitten und keiner denkt daran, daß man ein, zwei Stückchen heile Natur noch bräuchte: Damit die Fotografen wegen der Motive für die Tirol-Prospekte nicht ins Ausland fahren müssen. Den Gästen baut man Häuser, deren alpiner Kitsch nur von den begnadetsten Karikaturisten erfunden werden kann, und anläßlich einer Sportgroßveranstaltung gestattete man landesweit ein Plakat mit halbdebilem Großvater und Contergan-Enkel in Landestracht, das niemand haargenau zu beschreiben wagte, weil er sonst als ‚Raffl III' davongejagt worden wäre.

Da wird der Satiriker müde. Denn wer sich selbst karikiert, bedarf der Karikatur nicht mehr." (ebd.)

Robert Vinatzer gibt die Losung für eine genußvolle Lektüre aus: „Nehmen wir die Schmähungen nicht tierisch ernst, seien wir tief betroffen über die Juden- und Protestantenhetze jener Zeit, prüfen wir bei jeder Zeile unsere eigene Moral, unsere Engstirnigkeit oder Weitherzigkeit gegenüber Andersdenkenden. Und packen wir's mit Humor." (Tirol-Kurier, 29.6.1984)

Desgleichen meint Helmuth Schönauer: „Wer Lust hat, über sich selbst, über die Tiroler und die böse Welt überhaupt zu lachen, der kann sich in diesem Büchel so richtig gehen lassen." (Kufstein Aktuell, 5.7.1984)

Einzig in Südtirol wurde *Fern von Europa* als „erfrischendes Ärgernis zum Tiroler Gedenkjahr" (Alto Adige, 10.6.1984) gewertet.

Für Wolfgang Maier hat Techet „lediglich die Maske gelüftet und eine Fratze ist zum Vorschein gekommen, welche weniger auf eine arrogante Schreibweise zurückzuführen ist, sondern auf die Genauigkeit eines Chronisten, der den Zuständen den Spiegel vorhält, in der Hoffnung, es mögen sich doch die Verhältnisse ändern". (Sturzflüge, Okt./Nov. 1984)